JAZZERCISE®

ジャザサイズ物語

ジュディ・シェパード・ミセット＝著
桜田直美＝訳

かんき出版

スカイラとシエナ、シャナとブレンダン、
両親のジューンとデル・シェパード、
愛するジャック、

そして過去、現在、未来の、世界中の、
情熱的なジャザサイズの仲間たちへ

BUILDING A Business WITH A Beat
by
JUDI SHEPPARD MISSETT

上下ともに1995年サンディエゴの大会

2014年サンフランシスコでの授賞式

2007年の授賞式

2006年の授賞式

称賛の言葉

私は、この刺激に満ちた本が大好きだ。きっとあなたも大好きになるだろう。

著者のジュディは、人々に奉仕して導く「サーバントリーダー」のお手本だ。ジュディのもとに集まった人々は、彼女の55年にわたる情熱と目的意識のおかげで、楽しみ、友人をつくり、ポジティブでエネルギーがわき上がる音楽を聴きながら、フィットネスと起業の夢をかなえてきた。

そして今、私たちにとっては幸運なことに、ジュディがついに秘密を明かしてくれた。小さなスタートアップがグローバルブランドに成長するまでに経験する困難と成功、問題と解決策が、すべてここに詰まっている。

ジャザサイズの成功物語は、読み物としてとてもおもしろい。それだけに世界中のリーダー、起業家、フィットネス愛好家たちにとっては、さらにエネルギーをもらえる起爆剤になるだろう。

この本を読んで、自分の目標に向かって前進しよう。どんな目標でもかまわない！

――ケン・ブランチャード『新1分間マネジャー』（ダイヤモンド社）著者

1999
ジャザサイズが主催する世界最大の乳がん研究のための資金集めが行われ、120万ドル以上を集める

2007
ジュディが大統領フィジカル・フィットネス・アンド・スポーツ審議会から初の特別功労賞を授与される

2008
ジュディがアメリカ人の女性政治家やビジネスリーダーから選ばれたステラー・ウィメンズ・リーダーシップ中国派遣団に参加する

2009
シカゴでジャザサイズ40周年記念式典開催。会社の規模は2倍になる

2010
シャナ・ミセット・ネルソンがジャザサイズ・インク社長に就任

2011
権威ある雑誌『アントレプレナー』の「もっとも成功したフランチャイズ500」でジャザサイズがフィットネスフランチャイズの1位に選ばれる

2012
雑誌『サンディエゴ・ビジネス・ジャーナル』が選ぶ「サンディエゴ女性オーナー・ビジネス・トップ50」でジャザサイズが1位にランクインする

2014
ジュディが200人委員会からアントレプレネリアル・チャンピオン・ルミナリー賞を授与される。広島で開催された「ジャザサイズ・ライブ!」が世界最大のジュニア・ジャザサイズのレッスンとしてギネス世界記録に認定される

2016
ワシントンDCで開催されるホワイトハウス後援の会議「ユナイテッド・ステート・オブ・ウィメン」に参加する女性リーダーの1人にジュディが選ばれる

2017
ジュディがガス・ジョルダーノ・ジャズ・レガシー財団からガス・レガシー賞を授与される

2018
ジュディがアントレプライジング・ウィメンズ・レガシー賞を授与される。ジャザサイズの全世界の累積売上高が20億ドルを超える

2019
ジュディが『BUILDING A Business WITH A Beat』(本書)を出版。ジャザサイズが創業50周年を祝う「フィフティ・イヤーズ・ストロング」を全世界から参加者を集めてカリフォルニア州サンディエゴで開催する

ジャザサイズ年譜

1969
ジュディ・シェパード・ミセットが
イリノイ州シカゴで後のジャザサイズとなる
ダンスフィットネスのクラスを始める

1972
ミセット家がカリフォルニア州サンディエゴ
北部に転居。ジュディがラホヤの
YMCAとオーシャンサイド・パークス・
アンド・レクリエーションでフィットネス
インストラクターの仕事を始める

1977
ジュディが初のインストラクター
養成クラスを開く。
ジャザサイズがカリフォルニア州カ
ールスバッドにオフィスを構える

1979
ジャザサイズの世界展開が始まる。
ヨーロッパ、ブラジル、日本に教室を開設

1980
ジャザサイズのマーチャンダイズ部門
「ジャザトグス」設立

1981
週に1回のニュース番組
『PM・イブニング・マガジン』でジュディが
1つのコーナーを担当するようになる

1982
ジャザサイズ初のフランチャイズ誕生。
第1回ジャザサイズ国際
インストラクター・コンベンション開催

1983
ジャザサイズが全米50州に展開

1984
ジャザサイズ初のエクササイズ
音楽アルバム『ジャザサイズ』を発売し、
ゴールドディスクを獲得。
ロサンゼルスオリンピックの開会式で
ジャザサイズがパフォーマンスを披露し、
全世界で25億人がテレビで視聴

1986
ジュディがロナルド・レーガン大統領から
「トップ女性起業家」として表彰される

1989
ジュディがロサンゼルス・タイムズ・
シンジケートから全世界の傘下の
新聞に掲載するフィットネスコラムの
執筆を依頼される

1991
ジュディがジョージ・ブッシュ大統領と
アーノルド・シュワルツェネッガーから
ホワイトハウスで開催される
「グレート・アメリカン・ワークアウト」に
招待される

1992
ジャザサイズ・キッズ・ゲット・フィット・
プログラムの参加者が全世界で
40万2000人に達し、アーノルド・
シュワルツェネッガーが長官を務める
大統領フィジカル・フィットネス・アンド・
スポーツ審議会で取りあげられる

JAZZERCISE ジャザサイズ物語　目次

第5章

有機的に成長し、世界に広がる

第6章

反逆者であれ

第7章

目的意識の高い文化を創造する

第8章

顧客コミュニティを育てる

第13章

本文デザイン・DTP　マーリンクレイン

PART 1
ビートを見つける

宇宙に存在するすべてのものにリズムがあり、すべてが踊る

― マヤ・アンジェロウ ―

リズムを正しく刻んだら、さあ、始まりだ！

― ファッツ・ウォーラー ―

ビートとともにビジネスを築く、あるいは人生を築くなら、
音楽、特にジャズの要素に学ぼう

― ジュディ・シェパード・ミセット ―

第1章

はじまりの物語

**自分をふり返り、情熱を見つける。
幼いころのメンターの教えを思い出したら、
あとは思いっきり踊るだけだ。**

私が赤ちゃんのころの思い出で、母が好んで聞かせてくれた話が2つある。

1つはこうだ。私は生まれつき重度の内股で、両足と両足首が内側を向いていた。新生児のうちならかわいいですむ話だが、初めて立ち上がって歩くころになると、内股のせいで安定して立つことができない。

私の母親はサンディエゴの海軍基地で暮らす若い妻で、父親は太平洋で戦艦に乗り、第二次世界大戦を闘っていた。母は私を1歳児健診に連れていくと、海軍の医師に、私が安定して立てるようになる方法を尋ねた。当時、内股を矯正する一般的な方法は、足を外側に向ける鉄の棒がついた矯正靴を履くことだった。

「でも、ダンスを習うのも効果があると聞きましたよ」とその医師は言った。

矯正用の靴は海軍の病院から無料で支給してもらえたが、ダンス教室はそうではない。そのため、しばらくの間、私は毎晩、母に矯正靴を履かされていた。

それは白い革靴で、それぞれの靴底には鉄の棒が15センチほど離して固定されている。母は足首まである靴紐をしっかり結び、私をベビーベッドに仰向けに寝かせた。そして足が内側を向かないようにムリヤリ離すと、あとはひたすら私の泣き声を無視する。

数カ月ほど続けたが、目に見える効果も特になかったので、この「夜ごとの拷問」は終わりを告げることになった。

そしてもう1つは、戦時中の海軍の妻たちの間でいちばん人気があったレジャーの話。サンディエゴのダウンタウンから湾を挟んだ対岸にあるコロナド島で、魅力的な通りを歩きながらウインドーショッピングをすることだ。

母の話では、楽しくて、しかも無料だ。

ダンスとの出合い

ある日、イザベラ通りを歩いていると、ある広告が母の目にとまった。

「ジャンヌ・ジュラド・ダンススクール　どんなダンスでも教えます　年齢不問」と書かれている。母はこのダンススクールについて調べてみることにした。

教室を訪ねると、受け付けの部屋は小さく、誰もいない。母がパンフレットを探す間、生後18カ月の私は、開いたドアから音楽が聞こえる部屋に向かって、ひとりで廊下を歩いていった。そして部屋の中で踊っている人たちを見ながら、音楽に合わせて身体を動かした。

誰かが部屋の中から出てきて、母に声をかけた。

「この子を教室に通わせなさいよ。才能があるから!」

このセリフを言ったのが誰であれ、私は「ありがとう」という言葉を贈りたい。

1946年の終わりに父が海軍を除隊になると、私たち一家は両親の生まれ故郷であるアイオワ州の南西部に戻った。アイオワ州レッドオークは人口5763人で、モンゴメリー郡の郡庁所在地だ。街の中心には映画『バック・トゥ・ザ・フューチャー』に出てくるような広場があり、郊外には農場とトウモロコシ畑が広がっている。

父親のデル・シェパードは、低音のよく響く声だった。その声を生かして、地元のクレストン・ラジオでアナウンサーの仕事に就いた。また夜間には、パートタイムでレッドオーク警察署でも働いていた。

私はいつも、ラジオで父の声を聴いたり、パトカーに乗って街の中を走る父を見たりするたびに、嬉しくてゾクゾクしていた。その後、父は収入を増やすためにアイオワ土壌保全委員会に転職したので、残念ながら出張で家を離れることも増えてしまった。

レッドオークでの新居は、地元の基準で考えるとそれほど大きくなかったが、それでも海軍住宅よりは広々としていた。２つの寝室に加え、屋根裏部屋と地下室まである。家の外壁は白い羽目板だった。

そこで母の最初の仕事は、玄関の扉と窓のシャッターをパウダーブルーに塗ることになった。母はスウェーデン人の血を１００パーセント引いているので、自分のルーツに敬意を表するためだ。

２つめの仕事は、3歳児が通えるダンス教室を探すことだ。

幸運なことに、ジョーン・レヴィットを見つけることができた。彼女は当時21歳で、近所のシェナンドアと、車で1時間の距離にあるカウンシルブラフスの大きなスタジオでダンス教師の仕事をかけもちしていた。

ジョーンは地元で人気のダンス教師だった。その証拠に、私が初めて参加したジョーンの教室の発表会には総勢102人の生徒が出演し、32のダンスプログラムが披露された。

発表会は「ジョーン・レヴィット・プレゼンツ・バラエティ・ショー」と銘打ち、1948年の6月1日と2日の2晩にわたって、シェナンドア高校の講堂で開催された。

その舞台で、4歳のジュディ・アン・シェパードは、母が手づくりしてくれた薄紫色のヒラヒラのドレスに身を包み、「スウィート・ミス・デインティ・ミス」の曲に合わせて踊った。

初めての自分のダンス教室

ダンスのおかげで私の姿勢はだいぶよくなった。母はそのことをとても喜んでいたが、私にダンスを強要したりはしなかった。

実際、私が何かのダンスの動きがうまくできずに不平をもらすと、母はきっぱりとこう言ったものだ。

「いいこと？　やりたくないことをムリにやる必要はないの。他に心から好きになれるものを見つけて、それをやりなさい」

自分には選択の自由があるとわかっていたおかげで、むしろダンスを続けるのが楽になった。母はこうも言っていた――もしダンスを続けるなら、きちんと練習しなければならない。

母が一緒に練習することもよくあった。才能があるなら、ただ才能に頼るのではなく、努力してその才能をさらに磨かなければならないと信じていたからだ。

それからの7年間、私はダンスのレッスンに励み、教室の発表会や郡のお祭りのプログラム、そしてそれらの宣伝のパンフレットを集めたスクラップブックは、大きなノート3冊分にもなった。

ところが、私が11歳になった夏に、ジョーン・レヴィットは、カウンシルブラフスとシェナンドアでレッスンのかけもちをするのが難しくなり、考えた結果、カウンシルブラフスのスタジオでのレッスンに専念することにしたのだ。

うちからは車で1時間の距離になってしまう。

しかし、私の母はそれくらいであきらめるような人ではない。

彼女はひとりでカウンシルブラフスとオマハにある大手ダンススタジオをすべて回り、そこの教師やアシスタントに仕事をオファーした。もし週に2回、レッドオークでダンスの出張教室を開いてくれるなら、母が教室になる場所を見つけ、希望する数の生徒も見つけ、年に一度の発表会の準備と宣伝も引き受け、経理もすべて担当するというのだ！

都市部のダンススタジオのほとんどはこの話を断った。しかし、母が粘り強く探し続けると、「やってみてもいい」と言ってくれる才能ある教師が何人か見つかった。

母には本物の起業家の熱意があった。

まず地元で教室にできる場所を何カ所か確保すると、さまざまなダンス教室のチラシを作成した――バレエ教室、タップダンス教室、リリカルダンス教室、ジャズダンス教室（私のいちばん好きなダンスだ）、それにフォークダンス教室や社交ダンス教室まである。

そしてできあがったチラシを、地元の幼稚園、教会、図書館、スーパーマーケットに掲出させてもらう。レッドオークの街中だけでなく、半径30キロ以内にある小さな農村にもチラシを配った。そして、母の努力は大きく実を結ぶことになる。

2年後、私はまだ13歳だったが、地元の女の子たちからダンスの先生になってほしいと頼まれた。私はまず両親に相談した。2人は、私が本気であることを確認するためにこまかく質問をしてきた。

私としては、最低でも9カ月（9月から翌年の6月まで）のコースで、コースの終わりに発表会を開くつもりだった。

両親もついに納得し、これが成功しても失敗しても、私にとってはいい経験になると判断した。父はわが家の地下室を改装し、小さなダンススタジオをつくってくれた。そして母は、ここでもダンス教室を実現させるために大活躍だった。

今度は自分の小さな娘のためだ。

1957年9月、私のダンス教室が始まった。最初の生徒は8人で、その年のクリスマスに最初の小さな発表会を開いた。

翌年の6月になると、生徒は100人にまで増え、コースの終わりの発表会はレッドオーク高校の講堂で開催された。2晩の公演のチケットはどちらも完売だった。

先に述べたように、私がダンスを教える場所は父がつくってくれた。そして母は、お金の管理の面でも助けてくれた。私は毎週、母が運転する車に乗ってダウンタウンの銀行へ行き、その週のレッスン料を「大学資金」として銀行に預けていた。

とはいえ、2人はいつも私が責任者になるべきだと言っていた。つまり、私が決断し、そして私がその決断の結果に責任を持つということだ。何かで失敗したら、失敗の責任を認め、失敗を正し、そして失敗から学ぶ。

その姿勢が、本当の意味での成功のカギになると両親は信じていたのだ。

大人になり、シカゴで自分のダンスフィットネスのビジネスを始めようと決断したとき、私は母がしてくれたことを思い出した。母をお手本にすれば、ビジネスで成功することができる。私なら、女性がフィットネスの目標を達成するためのプログラムを開発できる。

彼女たちが自分のビジネスを持ち、お互いに助け合い、自信をつけるのを後押しできる。母は私に、起業家になる方法を教えてくれた。

私は子ども時代を通じて、母が問題に立ち向かい、そのときの状況に合わせて解決策を見つけるようすをずっと間近で観察してきた。

たとえば、州兵の事務所から連絡があり、ダンス教室の場所として借りていた訓練場が、週末の訓練のために貸せなくなったと直前になってから言われたことがある。母はすぐに他の施設に電話をかけ、土曜日の夜に空いている2階の場所を確保すると、レッスン場所の変更をすべての生徒に知らせていた。

決まった通りに計画が進まず、よく突然の変更を余儀なくされていたが、それであきらめるような母ではない。母の口癖は「なんとかなる」だ。

くよくよ落ち込んだりはしない。ただシンプルに、「自分にできるのは最善を尽くすことだけ。そこから先は前に進むだけだ」と考えていた。

母は自分を信じ、そして私を信じていた。私が自分を信じ、周りの人たちを信じることができたのは、すべて母が私を信じてくれたからだ。

ダンスの最初のメンター

私にとって、人生で最初の記憶は、シェナンドア州兵訓練所の古ぼけた床の匂いと、初めてジョーンのレッスンで踊ったときの純粋な喜びだ。私の「内股問題」も、ダンスのおかげで（そしておそらくはただ成長したことで）、最終的には解決された。

また、週に2回、自分と同じようにダンスが好きな子どもたちと一緒にレッスンを受けたことで、生まれつきの人見知りもかなり解消されたようだ。

ジョーンはとても熱心な先生で、振り付けも独創的だった。彼女の指導のおかげで、私はだんだんとジャズダンスへの愛に目覚め、その情熱は現在まで変わらず続いている。

ジョーンには無尽蔵の創造性があった。その証拠に、ダンスの発表会の振り付けを14年以上も続けていたが、同じ振り付けを使い回したことは一度もない。

彼女が考えるプログラムは、いつも新鮮で、踊るほうも見るほうも楽しめる。

ジョーンの熱心な指導のおかげで、私はバレエ、タップダンス、リリカルダンス、アクロバティックジャズダンスの基礎を身につけ、振り付けの基本も学ぶことができた。

1956年の夏、私はジョーンから、あるダンスコンテストに出場することをすすめられた。サウスダコタ州のテイバーで「チェコ・デイ」という祝日に開催される4州のコンテストだ。

そのころまでに、ジョーンも私も、私が生まれつき身体がとても柔らかいことがわかっていた（当時は「二重関節」と呼ばれ、今は「過剰運動」と呼ばれている）。

基本的に、私は多くのダンサーができないような動きができた。

たとえば、壁を駆け上がり、１８０度の開脚をしながら後ろ宙返りで降りてきたり、後ろに反って自分の足首をつかみ、そのまま部屋の中を歩いたりといったことだ。

後者の動きのせいで、「アップサイド・ダウン・ガール（逆さまガール）」というあだ名もつけられた。

チェコ・デイのコンテストのために、ジョーンはリリカルにバレエ、タップ、ジャズの要素を盛り込んだプログラムを振り付けてくれた。そして母は、プログラムの雰囲気に合わせて、短い丈のとてもエレガントな白い衣装をつくってくれた。

コンテストの結果は2位だった。私は不満だった。1位を目指していたからだ。

その翌年、ジョーンは私にとても大切なことを教えてくれた。

「去年の観客の反応を見たらわかると思うけれど、サウスダコタの人たちはリリカルなプログラムがそれほど好みではないようね」と彼女は言った。

「だから今年は、あなたの特技を生かして、観客をあっと言わせてあげましょう」

ジョーンのアイデアはこうだ。

まず私の父に木材で大きなドラムをつくってもらう。

私はドラムの上でタップダンスをして、後ろ宙返りでドラムから飛び降りる。ジャズダンスではドラムを支えにして、後ろに反る技、肘で逆立ちして180度の開脚をする技を披露する。そして衣装は、キラキラ光るスパンコールがついたレオタードだ。

観客は熱狂し、私は生まれて初めてのスタンディングオベーションを受けた。結果はもちろん優勝で、賞金は金色のトロフィーに入った35枚の1ドル硬貨だ！

「いつも観客を意識しなさい」と、ジョーンは言っていた。そして、サウスダコタ州ティバーの善男善女は、ジョーンの言葉が正しいことを証明してくれた。

後にジョーンが私たちの教室を辞め、カウンシルブラフスのスタジオに専念するようになり、私が自分の生徒を持つようになってからも、カウンシルブラフスでのプライベートレッスンや、オマハでのワークショップ、それぞれの街に拠点を置く上級クラスのダンス教師への紹介状などを通して、私たちの交流はずっと続いていた。

「いつも観客を意識する」というジョーンの教えは、彼女のレッスンを受ける間ずっとくり返された。

私がレッドオーク高校に進学を控えた夏、マーチングバンド部の顧問から連絡があった。私がリーダーになってダンスチームをつくり、バンドの先頭に立って踊ったり、フットボールの試合のハーフタイムショーに出演したりしないかという話だ。

とてもワクワクする話だったが、懸念もあった。私にバトントワリングはできない。

しかし、ジョーンの教え子のメアリー・ジーン・ティベルズは、ネブラスカ州のバトントワリングコンテストで3年前に優勝している。

私はジョーンの紹介でメアリー・ジーンからバトントワリングを習い、その間、ジョーンはハーフタイムショーで使える観客に受けそうな動きをいくつか考えた。

どんなにがんばってもメアリー・ジーンのレベルにはなれないと私が絶望していると、ジョーンはいつものように片手に緑色のコークの瓶を持ち、私の心配を一蹴《いっしゅう》した。

「もちろんメアリー・ジーンのようにはなれないわよ」と彼女は言った。

「でもね、ジュディ。あなたには一級のスタイルと、優雅さと、ダンスで映える長い足がある。それにどんなダンスでも、観客を夢中にさせる個性がある！」

レッドオーク高校マーチングバンドのダンスチームは大人気になり、他の高校やパレード、郡のお祭りなどにも招待されるようになった。

高校3年生から4年生に上がるとき、ジョーンとメアリー・ジーンから、全米バトントワリング協会が主催する全国大会に出場することをすすめられた。

大会の優勝者には、「アメリカでもっとも美しいバトントワラー」の称号が与えられる。

私はここでも尻込みした。たしかにバトントワリングの腕は上がっていたが、全国大会で賞をもらえるレベルには遠く及ばない。それでもジョーンは前と同じように、他のダンスの要素で十分に埋め合わせができると請け合った。

さらに、「私にいいアイデアがあるの！」と言う。

私はアイオワ州の出身なので、バトンの両端にアイオワ名産のトウモロコシを1本ずつつけ、「ごらん、あそこにトウモロコシ畑があるよ。アイオワ、ああ、アイオワ！」という歌詞に合わせて踊る。

これで観客にも審査員にも強烈な印象を残すことができるというわけだ。

そこで私の母は、身ごろが黄色で、それ以外が緑の葉に見えるヒラヒラした衣装をつくってくれた。もちろんトウモロコシを模したデザインだ。

たしかに、観客には喜ばれそうなアイデアだ。しかし、バトンの両端にトウモロコシをつけると、回転させるのがさらに難しくなる。

私は必死になって練習した。人生であそこまでがんばったことはなかったほどだ。

ジョーンの直感はここでも正しかった。私は晴れて「アイオワから来たトウモロコシの女の子」が忘れられなかったようで、審査員は「アメリカでもっとも美しいバトントワラー」の称号を授かることができた。1961年ごろのことだ。

この称号は、ただ自慢の種になってくれただけではない。

私はミズーリ州立教育大学で開かれる1週間のバトントワリングとダンスの教室に教師として招待され、さらに暑い盛りの7月半ばには、ミシシッピ大学が主催する1週間の「ヤング・アンド・ビューティフル・チャーム・キャンプ」に参加することができた。チャーム・キャンプでは、いくつかの一生ものの知識を教わった。

たとえば、「髪をとかすときは絶対にまっすぐに立たない。髪と頭皮に十分な刺激を与えたいなら、必ず腰を曲げて前屈みになり、髪を前に垂らしてとかす」という教えだ。また、「女性のバストサイズは、ウエストサイズより30センチ大きくなければならない」という教えもあった。

もちろんあのコンテストは、全米バトントワリング協会にとってはPR活動の一環だ。そのため、私はまったく知らなかったのだが、協会のチラシやニュースにはすべてハイキックをする私の写真が掲載されていた。アメリカ軍が発行する『星条旗新聞』に、ほぼ丸々1ページを使って私の写真がキャプションつきで掲載されたこともある。

それから何週間にもわたって、私のところには世界中のアメリカ軍兵士からの手紙が届いた。宛名はただ、「アイオワ州レッドオークのジュディ・シェパード」とだけ書かれている。返信が欲しいという内容もあれば、私のボーイフレンドになりたい、休暇で帰国するときに会いたいという内容もあった。

私の知るかぎり、父はすべての手紙に返事を書いたようだ。あの怒濤《どとう》の夏休みには、いくつかの大学からも連絡があった。わが大学のマーチングバンド部に入らないかというお誘いだ。

私はすべての手紙に返信し、何らかの奨学金がもらえることを期待していた。ところが当時はまだ、教育機関における性差別を禁じる「タイトルIX」という法律が成立する前だったので、女子学生のための奨学金は存在しなかった。

「うちの大学のマーチングバンド部に入るという栄誉のために、あなたにお金を払わせてあげます」というのが、彼らの言い分だ。

チャーム・キャンプから戻ると、ジョーンはまたサプライズを用意していた。ガス・ジョルダーノがオマハまで来て上級クラスのレッスンを行うので、私も参加できるように手配してくれたというのだ。

ガス・ジョルダーノは元ブロードウェイのダンサー、振付師で、ガス・ジョルダーノ・ジャズダンス・シカゴという権威あるダンススタジオでアーティスティックディレクターを務めている。この出会いが私の人生を変えることになる。

「もしまだ進路を決めていないなら、イリノイ州エバンストンのノースウェスタン大学はどうかな？　そこには私のスタジオがあるんだ」と彼は言った。

ジョーンはこうやって、私が変化し、成長するのを何度も助けてくれた。彼女がどれだけ私を後押ししてくれたのか、今となっても正確に計算するのはまだ難しい。3歳の子どものころから、18歳になって大学に通うためにレッドオークを出るまで、私はずっと彼女と一緒にダンスをしてきた。

ジョーンは私に、ダンスの基礎と、振り付けの基本原則を教えてくれた。その基盤があったからこそ、後にガス・ジョルダーノとすごした日々で、私はダンスも振り付けもさらに洗練させることができた。

両親とジョーンの存在は、東洋思想の「陰陽」にたとえられるかもしれない。つまり、両親とジョーンはそれぞれ違う形で私を支え、お互いにバランスが取れていたということだ。

母は実務的で、父は私を守ってくれた。そして2人とも、勤勉な努力、あきらめない心、質素倹約の大切さを私にたたき込んだ。対してジョーンは、舞台映えする華やかさがあり、教室や舞台ではいつも何か楽しめる要素を盛り込んでくる。

ジャザサイズが大切にしている哲学の1つは、「エクササイズは楽しい」という考え方だ。ジョーンの存在がなかったら、この哲学も生まれなかったかもしれない。

母とジョーンはまったく違うタイプだが、2人とも強い女性で、もっとも大切な真実は共有している。その真実を、母は「自分の心に従いなさい」という言葉で表現し、ジョーンは「自分の直感を信じなさい」という言葉で表現した。

どちらも正しく、そして2人とも、私が覚えているかぎり幼いころから、「自分の内なる声に耳を傾けなさい。絶対に間違った道は教えないから」と私を励ましてくれた。

ジャズダンスの恩師

1962年の秋、両親と私はレッドオークを車で出発し、北に向かった、目的地はイリノイ州のエバンストンとシカゴだ。私たちは偶然にも、スウェーデン移民の祖父、アクセル・ネルソンが、アイオワ州で新生活を始めるために通った道を逆にたどっていたのだ。

私の新生活はシカゴで始まる。私のスーツケースには、衣服、靴、その他の生活用品がパンパンに詰まっている。新居はノースウェスタン大学の学生寮だ。

大学の授業に加えて、ジャズダンスの巨匠であるガス・ジョルダーノのスタジオでレッスンを受けることができるかもしれない。ジョルダーノ・ジャズダンス・シカゴは、アメリカ初のジャズダンス専門ダンススタジオだ。

自分の貯金と、両親からの援助を合わせれば、生活費と学費に困ることはない。そして幸運にも、エバンストンにある3階建てのガス・ジョルダーノ・ジャズダンス・シカゴでレッスンを受けられるようになったとしても、お金の心配はなかった。

爽やかに晴れた秋の冷たい空気に包まれながら、私は自分がひとりになったと感じていた。そして、自分の未来に向かって進んでいる！

そんな自立心が高じてか、アメリカのハートランドと呼ばれる地域にあり、平原と農地が広がる故郷のレッドオークと、ビートが躍動する大都会のシカゴの間のどこかで、私は自分の名前を変えることにした。

以前の名前は「Judy」と最後が「y」になっていたが、新しい名前は最後が「i」の「Judi」だ。私の正式な名前はジュディス（Judith）なので、最後を「i」にしてもちっともおかしくない。

でも、この小さな変更は、私にとっては個人的な独立宣言だった。「Judi」のほうがより大人っぽく、洗練されていて、それによりセクシーだと私は感じていた。しかし、この小さな変化が本当は何を意味するのか、当時の私はまったく気づいていなかった。

ジャズダンスの「ジョルダーノ・テクニック」は天の啓示だった。

ガス・ジョルダーノによると、他の形式のダンスは「より頭部的」だという。

つまり「頭で考えて踊る」ということだ。対してジャズダンスは「魂から生まれる」とガスは説明する。それは「感情的・身体的な核心」だ。

ガスのテクニックの大きな特徴は、骨盤、背骨、肋骨といった身体のパーツを独立させ、そこだけ他のパーツとは違う動きをすることだ。

「バレエダンサーが1本の腕を使って行うことを、われわれジャズダンサーは5つか6つのボディパーツを使って行う」とガスは言う。

ガスのスタイルは、私には難しかったが、同時に挑戦しがいがあり、精密で、あふれるほどの情熱が秘められている。私はすっかり夢中になった！

あまり知られていないことだが、ガスはミズーリ大学で、ダンスだけでなくクリエイティブ・ライティングの学位も取得している。そのため彼は、それぞれのダンスに「物語」の観点からアプローチした。

「ジャズダンスはただの一連のステップではなく、1つの物語だ。感情の旅であり、冒頭、中盤、終わりの流れがある」

ジャザサイズのクラスは、すべて冒頭のウォームアップ、中盤の有酸素運動、終わりのクールダウンという流れがあるが、これはガスの教えと、舞台パフォーマンスを見たときに経験することから刺激を受けた結果だ。

大学1年生のとき、私はガスのすすめもあり、ノースウェスタン大学で毎年開催される「WAA－MUショー」のオーディションに参加した。これは、ウィメンズ・アスレティック・アソシエーション（WAA）とメンズ・ユニオン（MU）が共同で開催する大規模な歌と踊りのイベントで、とても人気がある。

出演者は伝統的に上級生が多かったが、私はその年、史上初となる1年生の出演者に選ばれた。新米だった私に与えられた役は、「ショーガール」というよくわからないものだった。

他の出演者には決まった役があり、自分のプログラムがすんだらそこで終わりだが、ちょい役の私は、さまざまな衣装を着てさまざまなプログラムに出演する。たしかに神経は使ったが、それでも最高に楽しかった。そしてこのショーのおかげで、私はガスが招待していたエージェントの目にとまることになる。

それからの数年間は、ガスと、舞台エージェントのシャーリー・ハミルトンのおかげで、パフォーマンスでお金を稼ぎ、不意の出費に備えることができた。エージェントを通した仕事は、たとえば新聞や雑誌のモデル、テレビコマーシャル、シカゴ・モーターショーのコンパニオンなどがある。さらにガスは、企業や劇場のためにダンスショーを開催するという彼の副業を通して、さまざまな週末のショーに出演する仕事を紹介してくれた。週末であれば大学の授業とぶつかることもない。

当時の産業界では、プロモーションのためのダンスショーが盛んに開催されていた。

全国規模の大企業は、新製品をそれぞれの地方の小売店に紹介するために地元の展示会を利用する。そのとき、新製品の特徴や利点を長々と説明しても退屈なだけなので、パフォーマーが舞台に上がり、新製品の特徴をとらえたキャッチーな歌をうたったり、製品紹介でダンスを踊ったり、またはその両方を行ったりする。

私が初めて受けた展示会のオーディションは、シカゴのダウンタウンで開催された。生まれて初めて地下鉄に乗った私は、駅を乗り過ごしてしまい、数ブロックを走って戻るはめになった。

現場に着いてみると、私はまたしても出演者のなかで最年少で、もっとも経験の浅い「ショーガール」だった。そのときの仕事は、新型のテレビや他の家電を宣伝するパフォーマンスで、4人の若い女性が出演する。

オーディションでは、ひと目で「プロ」とわかるパフォーマーたちが私より先に演技した。私はその時間を使って自分を落ち着かせ、「少なくともバトンの両端にトウモロコシをつけて踊るよりはまし！」と自分に言い聞かせていた。

私の番が来ると、オーディションのために用意したダンスを披露した。

全力を出し、そして結果は合格だ！　その後、採用担当者から聞いた話では、彼は私を見て自分の妻を思い出したという。彼の妻もダンサーで、金髪で、そして脚がとても長い。

彼はべつに私を口説いていたわけではないが、それでも彼の言葉は、「いつも観客を意識する」というジョーン・レヴィットの教えの正しさを物語っている。

世の中は、才能さえあればいいというほど甘くはない。その才能でできることと、観客が求めていることをマッチさせるのも重要だ。ジャザサイズを始めたばかりのころ、私はこの教えを再び思い出し、救われることになった。

この家電ショーのあとも、数多くの業界の展示会でパフォーマンスを披露した。地元のシカゴだけでなく、シカゴのある中西部の全体や、さらには外国のショーにも出演したことがある。依頼主の企業は、家電メーカーのフィルコ、酒造メーカーのシーグラム、ウェスティングハウス、USスチール、コンピューター会社のコントロール・データなどだ。

ガスは業界の展示会に加え、劇場でのダンスパフォーマンスもプロデュースしていた。顧客の1つが、シカゴのダウンタウンにあるガスライト・クラブだ。

ショーのコンセプトは1920年代のエンターテインメントで、高級カントリークラブや中西部各地の劇場でパフォーマンスを披露する。こうやって宣伝すれば、シカゴを訪れる人はガスライト・クラブに行ってみたいと思うようになるだろう。

ダンサーは私を含めて4人の女性で、「ガスライト・ガールズ」と名乗っていた。そして、ディキシーランド・ジャズの4人編成のバンドがバックについている。

私たちは1920年代に一世を風靡《ふうび》したフラッパーの衣装を着てチャールストンを踊り、それからそれぞれがソロのダンスを披露する。私は「アイ・キャント・ギブ・ユー・エニシング・バット・ラブ・ベイビー！」に合わせてソロを踊った。

ショーの終盤で観客が参加するダンスコンテストを行い、優勝者にはシャンパンのボトル1本を贈呈する。そして私たち4人がカンカンを踊ってショーを締めくくる。

大学2年生と3年生の間を通して、このガスライトでの週末の仕事が、もしかしたらいちばん楽しかったかもしれない。私はガスのおかげで、人としても、プロのパフォーマーとしても成長でき、それに学費とシカゴでの生活費を稼ぐこともできた。

未来の夫との出会い

大学3年生が終わりに近づいたころ、寮のルームメイトからブラインドデートに誘われた。相手の男性は2人ともノースウェスタンの学生だという。

そのころの私は、平日は大学の授業で、金曜日と土曜日の夜はパフォーマンスの仕事が入っていたので、デートはほとんどしていなかった。

そこで私は、「いいんじゃない？」と考え、誘いを受けることにした。

ところがちょうどそのころ、家電メーカーのフィルコの仕事が入った。自社製品をたくさん売ってくれている小売店とセールスパーソンを、バカンスに招待するというのだ。期間は6週間で、場所は美しいプエルトリコ。私たち4人組の女性ダンサーは、そこで新製品のコマーシャルソングに合わせてダンスを披露する。

キャッチーな歌詞の一部を紹介しよう。

もうおわかりね　私にはシャシーがある
正確なつくりでサービスは無料
みなさんもそう思うでしょう?
私のシャシーはクラッシー
最高のテレビ!

当時は1960年代の半ばで、その時代の広告業界を描いたテレビドラマ『マッドメン』の世界そのままだった。招待客のほとんどは、旅行に妻も同伴する。なかには独身者も何人かいて、彼らは当然ながら私たちを口説こうとしてきたが、私たちは「つねにプロとしての節度を守る」と書かれた契約書にサインしていた。そしてたいていの場合、その契約を真面目に守っていた。

私たちが滞在していた6月24日は、プエルトリコの人々が「大晦日よりも重要」と主張する国の祝日だった。その日は、島の守護聖人である洗礼者ヨハネの誕生日を祝い、サン・フアンの夜祭りが開催される。

巨大なビーチパーティで、祭りの終わりに、海に向かって後ろ向きに歩いて倒れ込むのを3回くり返すのが伝統になっている。海の水で悪運を洗い流し、この先1年の幸運が約束されると信じられていた。でも、本当にそうなのだろうか？

その答えは、次に起こったことを読んでから考えてもらいたい。

シカゴに戻ると、プエルトリコの仕事でブラインドデートに参加できなかった私のために、ルームメイトがまた新しくブラインドデートの予定を立ててくれた。

相手の名前はジャック・ミセット。デートの場所は、シカゴのノースサイドにあるサムズ・アップ・クラブだった。

サムズ・アップは、ベイビー・ヒューイ・アンド・ザ・ベビーシッターズというすばらしいブルースバンドがホームにしているクラブだ。観客はいつも、ベビーシッターズのファンキーで迫力満点の演奏と、体重130キロのベイビー・ヒューイ・レイミーが繰り出す切れ味鋭いダンスに熱狂していた。

ベイビー・ヒューイのダンスは評判通りすばらしかった。そしてジャックのダンスも、どうやらそれほど悪くない。あれはとても楽しい夜だった。その年の夏は、そんな夜が何度も何度もくり返されることになる。

私がジャックに惹かれた理由はいくつかある。

彼はワイオミング州キャスパーの出身で、専攻はジャーナリズムだ。温かな人柄で、フレンドリーで、知的で、理路整然と話ができ、野心家だ。

基本的には、父親と同じ新聞の道に進むことを目指していたが、だからといってそれが「決定事項」ではない。他の可能性に対してもオープンな態度を保っていた。

そしてジャックが私に惹かれたのは、本人によると、私が自立していたからだ。

女子学生クラブに入るようなタイプではなく、頭が悪いふりもしない。それに自分に夢があることを隠さず、自分なりの意見や考えがあることも隠さない。


その年の夏、私はあるショーのオーディションを受けた。ショー会場のハッピー・ミディアムは、シカゴの繁華街のラッシュ通りにある人気クラブだ。振り付けはガスにやってもらえることになった。私は彼と一緒に仕事ができて嬉しかった。

ジャックは大学のサマースクールに出ていたが、授業のない日はクラブに顔を出していた。あまりにも頻繁《ひんぱん》にやって来るので、クラブのオーナーから、ここで働かないかと声をかけられたほどだ。

ジャックに舞台の経験はまったくなかったが、それでもステージマネジャーという仕事に飛びついた。ワイオミング出身の若者が、ショービズ熱に感染してしまったようだ。

その翌年、ジャックと私は、忙しいなかでスケジュールが許すかぎり一緒にすごした。私は4年生で、学年はジャックの1つ上だ。私はその年の6月の卒業に向けて勉学に励み、一方でジャックは、4年生に上がる前の夏休みにできるインターンの仕事を探していた。

彼の専攻はラジオとテレビだ。ある日、学部の掲示板に、CBS系列の地元テレビ局がニュース部門のインターンを探しているという広告が出ていた。

私はすぐにジャックのことを思い出した。

そしてジャックも、話を聞くとすぐに応募し、他に10人以上いたノースウェスタン大学ラジオとテレビ学専攻の学生たちを押しのけ、見事にインターンの職を獲得した。面接の担当者はモンタナの出身で、ワイオミング出身のジャックとは最初から気が合ったようだ。それにジャーナリズムのバックグラウンドがあることも気に入ったという。

地元テレビ局のWBBMでインターンとして働きだしたジャックは、こう決意した——ここで最高の仕事をする。そうすれば、インターンの期間が終わっても、会社は自分を手放そうとしないだろう。そして3カ月間でその目標を達成すると、ジャックはWBBMでもっとも若い社員になった。

社内の地位はいちばん下。仕事は夜間シフトのニュース執筆で、勤務時間は夜の11時から朝の7時まで。これなら大学の授業とも両立できる。

ジャックはその後の顛末《てんまつ》をよくこんなふうに語っている。

「会社から電話があって、インターン期間は終了だけどこのまま残ってくれないかと言われたんだ。しかも仕事はライターだよ。早くジュディに報告したくてたまらなかった。そして彼女をつかまえると、興奮してこう言った。

『社員になれたよ！　給料は1週間で65ドルだ！』

『65ドル？』と彼女は言った。『私は14歳のころから、週に100ドル以下で働いたことなんてないけれど』

だから僕はこう返した。

『それはすごい！　僕たち結婚しよう！』ってね」

正直にいうと、私の記憶はこれとは違う。それでも、ジャックと私はたしかにその翌年に結婚した。1966年のクリスマスの2日前のことだ。

私たちは、シカゴの聖ニコラス教会で式を挙げた。参列したのは、何人かの親しい友人と、お互いの両親、そしてそのころには私たちの祖父母のような存在になっていたガスとペグ・ジョルダーノ夫妻だ。

式のあとで寝室が1つの狭いアパートに移動し、そこでささやかな披露宴を行った。母のルーツに敬意を表し、料理は地元のスウェーデン・レストランから取り寄せた。新婚旅行の予定はなかった。ジャックも私も、翌日から仕事が入っていたからだ。

翌年の春、ジャックはノースウェスタン大学を卒業した。WBBMでの役職も1つ上がり、テレビに出演するレポーターになった。それからの2年間で、ベトナム戦争、徴兵を逃れてカナダにわたった若者、1968年のシカゴ民主党大会での暴動と、それにともなう「シカゴ・セブン」（暴動を企てた容疑で逮捕された7人）の裁判などを報道し、レポーターとして足場を固めていった。

ノースウェスタン大学での「大麻パーティ」を題材に特集番組をつくったこともある。この番組は大きな賛否両論を巻き起こし、ジャックは連邦通信委員会と下院議会の公聴会で証言することになった。

一方、私はシカゴでオーディション、撮影会、モーターショーや業界の展示会でのパフォーマンス、映画、ディナーショー、巡回公演、その他入ってくる仕事は何でもやった。

1968年の半ば、私はガスの推薦を受け、シカゴのガスライト・クラブが新しく開催する巡回公演の振り付けを担当することになった。私自身、ここの巡回公演には数え切れないくらい出演している。それに加え、メイン会場であるスピークイージー・ルームのフロアショーの振り付けもまかされた。これはとても栄誉なことだった。

私はそのとき妊娠がわかったばかりだったが、それを理由に断るなどありえない話だった。しかし当時は、妊娠中の女性が仕事をするのはまったく一般的ではなかったのだ。たいていの女性は、妊娠がわかるとそれまでしていた仕事を静かに辞め、母親の役割に専念していた。

ジャックと私、そして後にはガスも加わって話し合った結果、私は体調の許すかぎり仕事を続けることにした。体重管理を厳密に行い、大きくなっていくお腹はヒッピーのようなぶかぶかの服で隠せばいい。

当時はそれがお洒落《しゃれ》とされていたので、まったく問題はなかった。

12月29日の日曜日、娘のシャナが生まれた。わずかに生えた髪の毛はブロンドで、茶色の美しい目をしている。見る人の心をとろけさせるかわいい赤ちゃんだ。

その翌日、ジャックはクラブに電話をすると、私が仕事を休むと伝えた。子どもが生まれたからだと理由を説明すると、「それはつまり、養子をもらったということなのか？」とクラブのマネジャーは尋ねた。

「いいえ、違います。実際に第一子を出産したんですよ」とジャックは答えた。

私はショーの出演者を選び、振り付けもすべて完成させていた。

そして1968年の大晦日、ガスライト・クラブのショーは大盛況のうちに幕を閉じた（私はその場にいなかったけれど）。

職場に妊娠を隠していたのも、私にとっては自分の独立宣言の1つだった。妊娠中の女性が働けないというルールはまったくの間違いであり、私はその悪しき家父長制の伝統に抵抗したかったのだ。

今ではルールも変わり、女性は妊娠中も自由に働くことができるようになった。変化の兆しはあたりに充満していた。私は妻で、母親で、プロのモデルとパフォーマーとして仕事も続けていたが、もっと柔軟な新しい働き方を見つける必要があった。

1969年初頭という時代を今からふり返ると、後にジャザサイズとなるものに必要な素材を、当時の私はすべて手にしていたことがわかる。

起業家精神については、幼いころに母からたっぷり吸収することができた。

ジョーンからは、観客が求めているものを与えるという原則を学んだ。ガスのプロ精神のおかげで、ダンスと振り付けの技術に磨きをかけることができた。そしてジャックは、柔軟な態度を保ち、新しい可能性に対してオープンであることを教えてくれた。

私の内なる声は、もう確信していた。

私には、次のステップに進む準備ができている。

第2章

聞く、信じる、行動する

ひとりで踊るのはビジネスではない。
観客に意識を集中する。彼らが求めているものと、
あなたが提供するものが確実にマッチするようにする。
これは、3幕からなるジャザサイズ誕生の物語だ。

私がよく尋ねられる質問は3つある。
ジャザサイズのアイデアは、どこから思いついたか？
自分の情熱をどうやって、お金になるビジネスに変えたのか？
あなたのような起業家になりたい人に、どんなアドバイスがあるか？

最初の質問がいちばん簡単だ。答えはこの章で詳しく説明していこう。

2つめの質問は、もっと多層的で入り組んでいる。ひと言で簡単に答えられるわけではないが、それでもこの本ですべて説明しているので安心してもらいたい。

そして最後に、起業したい、自分のビジネスを持ちたい、CEOを目指しているという人は、各章の終わりにあなたのために特別なセクションを用意している。

大切なところをまとめた要約本を「クリフ・ノート」と呼んだりするが、私はこのセクションを、それにちなんで「クレフ・ノート」と呼ぶことにした。「クレフ」とは、楽譜に書いてあるト音記号やヘ音記号などの音楽記号のことだ。楽譜を正確に読みたいなら、クレフを理解することが欠かせない。

そのため本書のクレフ・ノートでは、その章で学んだ大切なことがまとめられている。あなたがこの本を読んで、私の人生を知り、そして自分の人生を切り拓くうえで参考にしてもらえれば幸いだ。

私は幼少期から10代を通して、ダンスへの情熱で胸がいっぱいで、頭には夢がパンパンに詰まっていた。本当にたくさんの夢があった。

しかし、なかでもいちばん大切な夢は2つある。

1つは舞台で情熱的に踊ること。そしてもう1つは、経済的に自立することだ。

25歳になるころ、私は1つめの夢をかなえていた。大好きなダンスを仕事にして、プロのダンサーとして舞台に立つ。でも、経済的自立は？

2つめの夢は、まだ「夢」でしかなかった。

経済的自立に向けての明確な道筋や計画もない。

もしあなたが、キャリアでその段階にいるなら、つまり一歩踏み出す準備はできているが、その方法がわからないというのなら、この本がきっと助けになるだろう。

問題が目の前に現れるまで、何がわかっていないのかがわからないこともある

1969年の蒸し暑い夏、ジャックと私は地元のYMCAに入会した。

主な目的は、エアコンの効いた室内プールを使うことだ。小さなシャナは、その年に生まれて初めて水泳のレッスンを受けることになった。そして水泳教室が終わると、娘をデイケアエリアで遊ばせている間、私もプールに入って泳ぐ。

ある日、鍛えた身体をした2人のYMCA職員が、何やらブースを設置していた。

そこで自分のフィットネスレベルを計測できるという。私は興味を持った。

まず体重を量り、それから運動前と運動後の心拍数と血圧を測定する。運動の内容は、

数分間ランニングマシンで走り、それから基本的な腹筋運動、懸垂《けんすい》、ジャンプなどだ。計測のたびに、2人の若い男性は困惑した表情で顔を見合わせていた。

そして私に、また別の運動をするように言う。

計測が終わると（ちなみにその計測法は男性用だ）、男性の1人がこう断言した。

「こんなにフィットネスレベルが高い人は今まで見たことがない！」

「本当に？」と、私はびっくりして言った。

「あなたは何をしているのですか？」と、もう1人が尋ねた。

「私はダンサーだから、ダンスをしています」と私は答えた。

「それだけ？　それ以外には何もしていないの？」と2人は尋ねた。

どう見てもかなり驚いているようだが、正直なところ私も驚いていた。

1969年当時、身体を鍛える方法といえば軍隊式が主流だった。ランニング、ウエイトトレーニングを中心とするワークアウトだ。「ワーク（仕事）」という言葉が入っていることからもわかるように、複雑な動きをマスターして音楽に合わせて踊るジャズダンスとかぶるところはひとつもない。

あのYMCAの2人の職員は、ダンスで身体を鍛えるという発想がまるでなかったのだろう。それは私も同じだった。

その後、科学的な研究（もっとも新しい研究は医学専門誌『加齢の神経科学の最前線』に掲載されている）によって、ダンスには、ランニング、水泳、自転車と同等か、それ以上の運動効果があることが証明された。

それに加えて、ハイキングやトレイルランニングが、平地をまっすぐ走るランニングに比べて関節や筋肉をより多く動かすのと同じように、ダンスの上下左右の動きにも、一般的なエクササイズに比べ、補助筋や腱《けん》を多く動かす効果がある。

さらに、複数の研究によると、ダンスには「白質」（信号を伝達する脳の神経繊維）を増やし、不安や抑うつを軽減する効果もあるという。

以上のようなことは、今では広く知られているかもしれない。

しかし当時の私にとっては、本当に嬉しい驚きだった。

あの日、ＹＭＣＡをあとにした私は、この新しい可能性についてあれこれ考えをめぐらせていた。どうやらダンスには、身体を鍛える効果もあるようだ。

ダンス界の人も、フィットネス界の人も、このつながりに気づいていた人はほとんどいないだろう。私はそれを、偶然にも発見したのだ。

多くの起業家は、このような出来事を「アハ・モーメント」や「ライトバルブ・モーメント」（どちらも「ひらめきの瞬間」という意味）と呼んだりする。

純粋な好奇心から、予期せぬ洞察やひらめきが生まれる瞬間だ。この瞬間を意図的に起こすことはできないが、それが起こったら必ず利用しなければならない。「これはすごいことかもしれない」と気づいたら、次に「この発見をどう利用すればいいだろう?」と考える。時間をかけて、この直感的なひらめきについてさらに深く考える。

YMCAでの発見、つまりダンスはフィットネスになるという発見だけで、パズルを完成させることはできないが、次の一手に向けて欠かせないピースであることは間違いない。

いつも観客・顧客を意識する――バージョン2・0

その同じ年の夏、ガスからジャズダンスを教える仕事を打診された。土曜日の朝に開催される「大人の初心者のためのジャズダンス」というクラスだ。

生徒のほとんどは、子どもをガスのダンススタジオに通わせている母親だ。子どもたちは、ガスの大きな3階建てのスタジオで、タップダンス、バレエ、ジャズダンスなどを習っている。

そして母親たちは、子どもがレッスンを受ける間、編み物をしたり、読書をしたり、あるいはただ座ったりして待っていた。

その時間を使って、母親もダンスを習ってみたらどうかというアイデアだ。

私は張り切って教室の準備に取りかかった。

音楽を選び、基本的なダンスの動きをリストにし、簡単な振り付けも考えた。

すべて「ジョルダーノ・テクニック」を踏襲した正統派のレッスンだ。

軽くウォーミングアップとストレッチを行うと、私はガスと同じようにレッスンを始めた。まず私が振り付けの手本を見せ、それから動きをパーツごとに分解し、1つずつマスターしていく。

生徒たちは鏡に映った自分を見て、私の動きと比較し、それぞれ修正を加えていく。

残念ながら、レッスン開始から数週間で、生徒の90パーセントが辞めてしまった。

この状況を合理的に考えれば、私が生徒に提供していることと、生徒が求めていることとの間に、何らかの齟齬《そご》があるのは明らかだ。私は面くらい、そして反省した。

とはいえ、具体的にどこで間違ってしまったのかはわからない。

そのときに思いついた対策は、辞めた人たちの電話番号を調べ、電話をかけ、辞めた理由を尋ねることだけだ。

壁にぶつかったり、拒絶されたりしたときは、まず根本的な原因をつきとめなければならない。その方法は、あなたに失望した人たちに尋ねることだ。

手の込んだ調査のようなことを行う必要はない。ただ勇気を出して、何がまずかったのか教えてもらえばいいだけだ。真実を聞くのはつらいかもしれないが、同じ失敗をくり返したくないのなら、これにまさる確実な方法は存在しない。

質問をしたら、あとはひたすら答えを聞く

元生徒の何人かは、最初はあまり話したがらなかった。

おそらく、私を傷つけたくなかったからだろう。それでも、生徒たちの期待に応えられる教室にしたいと本気で思っていることを伝えると、今度は驚くほどたくさんの率直な答えを聞くことができた！

そして私は、そのひとつひとつに真剣に耳を傾けた。

「子どものころにダンスを習っていて、とても楽しかった。あのときと同じ楽しい時間を期待していたけれど、そうではなかった」

「簡単に言うと、自分には難しすぎた。カウントを数えたり、ステップを覚えたりなんて、私にはムリだった」

「どちらかといえばプロを目指している人のためのクラスみたいだった。私がブロードウェイの舞台に立つことなんて絶対にない。私はただ、今年の秋に高校の同窓会があるから、それまでにきれいなスタイルになりたいだけだった。ちょっとダンスのステップを覚

えて、服のサイズが1つか2つ小さくなれば十分だ」
「私はプロのダンサーなんて目指していない。ただそれっぽく踊れればいいだけだ」
「鏡に映る踊れない自分を見るのがとてもイヤだった。やる気が一気になくなった」
「正直に言うと、楽しそうだと思って始めたけれど、まったく楽しくなかった」

これは耳が痛い。真実を聞くのはたしかにつらいことだが、それでも問題をきちんと特定できれば、それだけ具体的で効果のある対策を考えることができる。

たとえば私にとっては、鏡に関するコメントが大きなヒントになった。

私は小さいころからずっとダンススタジオで踊っていたので、鏡のことはむしろ友だちだと考えていた。鏡が誰かにネガティブな影響を与えるなど、想像もしていなかったのだ。

マーケティングの世界では、顧客がお金を払ってでも解決したいと思っている問題のことを「ペインポイント（痛点）」と呼んでいる。

顧客のペインポイントを見つけるのは大切なことだ。それでもペインポイントが見つかれば、それを軽減したり、排除したりする方法を考えることができる。

顧客を信じ、自分を信じる

私はじっくり時間をかけて、辞めた人たちからの反応を分析した。少し落ち込みはしたけれど、ここは昔からの知恵を活用して、拒絶されたという痛みを好奇心に変えるしかない。

もっと生徒の希望に即した教室にするために、私は何をすればいいだろう？生徒の思考回路をより明確に理解した今なら、彼女たちの期待に応えるだけでなく、期待を超えるようなクラスを新しく創造することができるはずだ。

私は自分のアイデアの概略をまとめた。ジョルダーノのスタジオで行われるレッスンとはだいぶ異なるが、ガスに見せて話し合うことにした。

ありがたいことに、ガスは私の新しいコンセプトを許可してくれた。ただし、レッスンの場所は、階下にあるめったに使わないスタジオに限定しなければならなかった。

私は新しいクラスのチラシを貼りだした。

クラスの名前は「楽しくて健康になるジャズダンス」だ。

辞めた生徒たちの不満やニーズに直接応える内容になっている。そしてもちろん、元生徒の全員に招待状を送り、私にもう一度チャンスをくれないかとお願いした。

土曜日になると、15人の女性が出席した。「楽しく身体を鍛える」ためだ。

前のクラスとは違うことは、レッスンの冒頭からすでに明らかだった。

私がスタジオの「後ろ側」、つまり鏡のないほうに立ち、生徒たちみんなが鏡に背を向けるようにしたのだ。

そして照明も、本来ならすべての動きがよく見えるようにかなり明るくするのだが、このレッスンでは生徒たちが前に集中できるように前だけ明るくし、鏡がある後ろのほうは暗くする。振り付けも簡単にして、3つのルーティンをくり返す形にした。

それを、古典ジャズや、トップ40に入るヒット曲に合わせて踊る。

ステップを覚える必要はない。

「ただできる範囲で私の動きを真似てください」と、私は生徒たちに言った。

最初に簡単なストレッチを行い、そこから徐々に運動の強度を上げていく。心拍数が上がったら、少し強度を下げ、そして楽しいフィナーレだ。

その間ずっと、私は生徒の気分を盛り上げることに集中し、励ましの言葉をかけた。

はたしてこの挑戦はうまくいったのか？

レッスンが終わると、自然発生的に拍手が起こった。クラスの全員が、私に対して、そして自分に対して、喝采《かっさい》を送っていた。鏡がないので、生徒たちは自分の姿を自由に想像することができる。想像の世界の中で舞台に立ち、見事なダンスを披露する。

ただじっと座って、ダンスを見ている観客ではない。

ここでもまた、私は生徒たちの感想に注意深く耳を傾けた。

「すごく楽しかった！」

「明日、筋肉痛になりそう」

「次は友だちも連れてきていい？」

翌週、生徒の数は15人から30人に増えた。その次の週は60人になった。

最初の生徒たちが「楽しんで健康になる」という目標を達成すると、「ダンスママ」の間で、「私たちのための」ダンスクラスについて口コミが広まっていった。

私のところには、クラスを増やしてほしいという要望が殺到した。

私も経験したように、新しい製品が最初から市場に受け入れられることはめったにない。それでも、最初の失敗をチャンスととらえ、観客や顧客から話を聞き、彼らが本当に求めているものを探り出し、そのニーズに応じれば、すぐにウィン・ウィンの状況をつくることができる。

「ジャザサイズ」の名称はどのように誕生したのか

顧客の声を聞くということに関していえば、「ジャザサイズ」という名前はすぐに生まれたわけではない。初期の生徒たちにクラスのあり方について教えてもらったのと同じように（現在、その手法は「クラウドソーシング」と呼ばれている）、ジャザサイズという名前も、生徒のひらめきから生まれている。

名前が決まった当時、私は南カリフォルニアに住んでいた。ラホヤのＹＭＣＡで開催していたクラスの生徒の１人が、「このクラスの名前はあるの？」と尋ねてきた。

「ええ、『楽しくて健康になるジャズダンス』という名前よ」と私は答えた。

彼女は眉をひそめた。「たしかにこのクラスではジャズダンスの動きもたくさんしているけれど、純粋なエクササイズでもある――それなら、『ジャザサイズ』という名前がいいんじゃない？」

それを聞いた他の生徒たちも賛同した。

「いい名前！」「覚えやすい！」「それにしよう！」

他のクラスでも意見を聞いてみると、全員一致で賛成だった。

マーガレット・スタントンという生徒は、こんな申し出までしてくれた。

「私の夫は弁護士なの。私も夫の事務所で働いているから、商標登録の手続きでお手伝いができると思う」

自分の専門分野に関しては、自分が誰よりもよく知っていると思ってしまいがちだ。

しかし、そう思い込むのは間違っている。あなたのいちばんの顧客は、あなたの成功を望んでいる。彼らの意見を真剣に聞く姿勢を見せれば、すばらしいアイデアや洞察を提供してくれるだろう。彼らの声に耳を傾け、彼らが望む変化を起こそう。

情熱と目的意識を組み合わせれば、ビジネスが生まれる

まだ3歳だったころの私は、最初のダンスクラスで一生の「情熱」を発見した。それから20代のはじめにかけて、ダンスが私の人生だった。懸命に練習し、プロのジャズダンサーとして成功に向けてキャリアを築いていた。そして舞台の仕事や、業界の展示会でのパフォーマンスの仕事が次から次へとやって来た。

私のような働き方は、ダンサーの間で「プロフェッショナル・ジプシー」と呼ばれている。充実度はとても高いが、いわゆる「ビジネス」ではない。そのため、成長することもなければ、フランチャイズ展開したり、グローバルに広がったりすることもない。

25歳で「楽しくて健康になるジャズダンス」のクラスを始めたときに、私はより大きな「目的意識」を発見した。

その目的を達成するには、自分を中心に考えるのをやめなければならない。

大切なのは、私の能力や、私が達成することではなく、他者の成功を助けることだ。私にしかないスキルの組み合わせを活用して、他者が自分の目標を達成し、楽しみながら身体を鍛え、そして究極的に、幸せで健康的な人生を送る手助けをする。

今からふり返ると、あれは私にとっての「アハ・モーメント（気づきの瞬間）」だった。「情熱」と「目的意識」がちょうど重なり、自分のスキルを使って他者の幸せに貢献できると気づいたのだ。

この気づきこそが、後のジャザサイズを生み出す本当のきっかけだった。

今でもそのときの気づきが大切だと思うのは、私自身、自分の情熱をビジネスとして成功させる方法について、いつもアドバイスを求められる立場だからだ。

より大きな目的意識がなければ、情熱をビジネスにするのはおそらく不可能だろう。情熱が何であれ、真摯《しんし》に努力を重ねれば、その道で立派なキャリアを築くことはできる。

しかし、あなたの目標がビジネスを築くことであるなら、自分の情熱を他者のために使い、彼らの人生を大きく向上させる方法を考えなければならない。

実例を2つ紹介しよう。

ビル・ゲイツは、これまでに何度も、自分の情熱について語っている。彼にとって生涯の情熱は、ソフトウェアをつくることだ。ただエンジニアとしてソフトウェアを開発するだけでも、彼は大いに成功することができただろう。

しかしビル・ゲイツは、ソフトウェアに対する情熱を、すべての人にコンピューターを届けたいという、より大きな目的意識と結びつけた。

その結果生まれたのが、マイクロソフトという巨大企業だ。

あるいは、ジョイ・マンガーノも同じだ。彼女はとても幼いころから、問題を解決することに情熱を持っていた。そして、3人の子どもを抱えた働くシングルマザーになると、家庭用のモップの使い勝手に大きな不満を持つようになった。

そこで彼女が発明したのが、簡単に洗って水切りができる「ミラクルモップ」だ。

ジョイ・マンガーノが起業したインジーニアス・デザインズも、彼女の発明への情熱と、自分と同じようにモップを手で絞るのが嫌いな人たちの役に立ちたいというより大きな目的意識が結びついて生まれたのだ。

これら2つの例と私自身の経験に共通するのは、もっとも大きな目標はお金儲けではないということ。私たちはただ、自分のスキルを活用して他者の助けになることを目指しただけだ。情熱に目的意識が加わると、それはビジネスになる。

正しく行えば、お金はあとからついてくるだろう。

ここで、1969年に話を戻そう。

場所はシカゴにあるジョルダーノ・スタジオだ……。

「楽しくて健康になるジャズダンス」が好評で、ガスも大いに喜んでいた。

だが私もすぐに知ることとなるように、どうやら喜んでいない人もいたようだ。

第2章の CLEF NOTES《クレフ・ノート》

♪あなたの情熱が何であれ、それはあなたがすることすべてのバスビートだ。他のどんな音よりも、はっきりと耳に届くドラムの音だ

♪パッション《情熱》をプロフェッション《仕事》にするには、長い時間と努力、それに正しいメンターの存在が必要になるかもしれない。しかし、ここで秘密を教えよう。好きなことをしていれば、仕事をしているようには感じない

♪自分の仕事を儲かるビジネスにするには、より大きな目的意識を見つける必要がある。自分だけの発想や能力を使って、多くの人たちの人生を向上させるには、どんな方法があるだろう？　この質問への答えが、あらゆる大きさのビジネスを築くカギになる

♪自分のビジネスのコンセプトを確立していく過程で、何度も挑戦と失敗を経験することになるだろう。ジャザサイズは、「生徒は足で投票する」ということを理解していた。つまり、生徒の足が教室から遠のけば、何かがおかしいということだ。顧客の意見を聞き、何かを学ぶチャンスととらえよう。顧客の意見を信頼する。そしてあなた自身の能力を信頼し、顧客の意

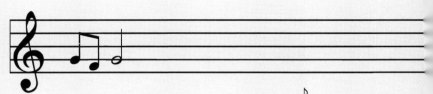

見を取り入れて、何か新しいものを創造しよう。もっと楽しく、顧客に受け入れられるものだ

♪もしうまくいかなくても、あきらめてはいけない。自分の情熱を思い出し、自分だけのビートと再びつながる。さらに話を聞いて、顧客と自分を信頼する。そしていちばん大切なのは、挑戦を続けることだ。答えはどこかにあり、ただあなたに発見されるのを待っている

第3章

抵抗は必ずあると覚悟して、それでも前に進む

疑う人、冷笑する人はいるだろう。
でもここは、テイラー・スウィフトにならって「シェイク・イット・オフ！《気にしない！》」だ。
自分のために立ち上がり、自分が信じることをしよう。

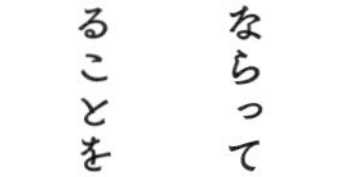

新しいクラスで教えるようになった最初の1年は、本当にいろいろなことがあった。ダンスと振り付けの仕事を続け、モデルとパフォーマンスの臨時の仕事も入ってくる。ジャックはレポーターとしてテレビに出演する時間が増えた。娘のシャナは2歳。「シカゴのお祖父ちゃんとお祖母ちゃん」になっていたガスとペグ・ジョルダーノ夫妻も含め、娘

は私たち全員にとっての喜びだった。

世の中にはどうしてもわからない人もいる

土曜日の朝の「楽しくて健康になるジャズダンス」は、生徒が60人に増えていた。クラスは満席で、キャンセル待ちの長いリストもできている。

生徒たちはみな、毎回のレッスンを楽しみにしていた。誰もがクラスを楽しみ、そして週を重ねるごとに健康状態が向上し、スタイルもよくなっていた。

もっと大切なのは、生徒たちが自分の身体に自信を持つようになったことだ。みな姿勢がよくなり、立ち姿は自信にあふれ、優雅に動き、自分にとって心地よいセクシーさをかもし出している。

厳密な意味でダンサーになったわけではなく、当然ながらジョルダーノのスタジオにふさわしい一流ジャズダンサーにはほど遠いが、彼女たちはみな、生まれて初めて、音楽に合わせて自分の身体を動かすことを楽しんでいた。

このクラスに来れば、身体でリズムを吸収し、ビートを感じることができる。

それこそが、ダンスの真髄だ。

このクラスはスタジオ内でも知られるようになった。ダンスママたちは「私たちのクラス」と呼び、ダンサー仲間たちは「ジュディがやっていること」と呼んでいた。

同業者たちの反応に気づくまでに、それほど時間はかからなかった。

彼女たちはこちらを見て、眉をひそめ、表情をこわばらせ、いったい何の騒ぎだと怪訝《けげん》に思っていた。

彼女たちの反応は、予想できたはずであり、おそらく予想しておくべきでもあっただろう。最初は、「これはどういうつもりなの？」と小声で尋ねられた。あるいは、恐怖と当惑の表情を浮かべながら、断固として説明を求める人もいた。

なかでもいちばん記憶に残っているのは、「あなたのしていることは芸術への冒涜《ぼうとく》だ！」と憤慨し、それに続けて「ガスはこれを知っているのか？」と言った人だ（ちなみに、この人のことは友だちだと思っていた）。

彼女たちがほぼ同じような反応をするのを見た私は、ジョン・F・ケネディの言葉を思い出していた――「変化は人生の法則だ。過去だけを見る者、あるいは現在だけを見る者は、必ず未来を見逃すことになる」。

同僚のインストラクターたちは、みな古典主義者だった。一流のレベルに到達するまでにかなりの努力をしている。私も彼女たちの懸念は理解できた。

しかしそれと同時に、みな頭が固いとも私は思っていた。ジャズダンスの楽しさと利点を一般の人たちにも広められるのだから、形式を簡略化してもいいではないか？

ありがたいことに、ガスは私に賛成だった。

「ジュディ、きみのクラスは実に画期的だ。これはダンサーの育成ではないが、きみのクラスで学んだ人たちは、将来ジャズダンスを理解する観客になってくれるだろう」

そして彼はこう続けた。

「それに、生徒たちはみなとても楽しそうだ。害になることは特にないだろう」

それからジャックと私がシカゴを去るまでの3年間、ジャズダンスとエクササイズのハイブリッドである私のクラスは、ジョルダーノ・スタジオでいちばん人気があり、当然いつも満員だった。だが、芸術至上主義者たちにはまったく理解できなかったようだ。

新しいビジネスを始めるとき、方向転換するとき、あるいは規範に反することをするときは、必ず何らかの抵抗があることを覚悟しておこう。それまでは自分を応援してくれていた同僚も、いきなり背を向けてあなたの陰口を言うようになるだろう。

たしかにこれには傷つく。それに、彼女たちの批判を無視して、自信を持って前に進んでいくのも簡単ではない。

そんなときは、自分が「変えよう」と決心した動機を忘れないようにしよう。

あなたを突き動かす情熱、気づき、イノベーションを起こす能力、そして顧客とつながる能力を大切にする。

反対する人たちは、もしかしたらあなたに見えているものが見えないだけかもしれない。あるいは、あなたと同じことをする勇気がないだけかもしれない。

それでも、あなたは目標を見失わず、未来に向かって進んでいこう。

家族の抵抗をどう乗り越えるか

1971年の晩秋、雪嵐が吹き荒れるなか、ジャックと私はシカゴ郊外の自宅にいた。キッチンのテーブルで向かい合って座り、今後のライフプランについて話し合っていた。

ジャックが勤める地元テレビ局のWBBM−TVでは、ちょうど新しいニュースディレクターが就任したところだった。競争心がとても強く、ニュースの編集方針を改革しようと張り切っていた。彼のモットーは、「過激であればあるほど視聴率が上がる」だ。

一方でジャックは、大きなニュースではなく、市井《しせい》の人々の物語を伝えるスタイルで評判を獲得してきた。局では40人のスタッフが解雇され、ジャックはそのうちの1人だった。ハロウィンの直前のことだ。

私たちは20代の後半に入っていた。高校時代からほぼ休まず働き続けている。

貯金はいくらかあり、ジャックの退職金も入ってくる。退職金のなかには系列局である

CBSの株も含まれていた。そしてテーブルの上には、その年に行った9回の旅行で使ったお金のレシートがある。すべて、カリフォルニア州サンディエゴ北部のオーシャンサイドに暮らすジャックの兄たちを訪問した旅行だ。

ジャックは言った。

「僕たちにとって引っ越すのにベストのタイミングがあるとしたら、それは今だ」

私も同意した。

地元の友人たちや、ジャズダンスの仲間たちに別れを告げるのはつらかった。

初めてここにやって来たとき、私は大学1年生だった。右も左もわからなかったけれど、それでもできることは何でも挑戦してきた。

そして今、私は27歳になり、結婚して子どもがいる。プロのダンサーとしてキャリアを積み、経験もスキルも、将来に向けた大きな夢もある。

「ペグと私も、ニューヨークを離れてシカゴにやって来たときは、ちょうどきみたちと同じ年ごろだったよ。もちろん、不安でいっぱいだったけれどね」

ガスはそう言うと、陽光が差し込む3階建てのスタジオに向かって手を広げた。今ではジャズダンスのメッカと呼ばれ、世界中からジャズダンサーが集まってくる場所だ。

「でも、どうやらうまくいったようだ」

「ジュディ、さあ胸を張って、顔を上げて」とペグも言った。

「もしあなたに合いそうな仕事が来たら、これからも紹介するわよ」

ペグとガスは、それからもずっと私を支え、そして生涯を通じて信頼できる友人とメンターであり続けてくれた。


それから数週間のうちに私たちは荷造りを終え、シャナを抱えてシカゴをあとにした。目的地は南カリフォルニアだ。

道中で最初に立ち寄ったのは、アイオワ州レッドオークにある私の両親の家だ。家族で感謝祭の食事中に、どこまでも現実的な私の母が尋ねた。

「北サンディエゴにダンススタジオはあるの？　ジャズダンスのカンパニーはあるの？　働き口は見つかりそうなの？」

1つめの質問の答えは「ノー」、2つめの質問も「ノー」、そして3つめの質問は「わからない」だったが、保守的な両親を前に本当の答えを隠して、私はただ「そう願っている」とだけ答えた。

ダイニングルームでは父がジャックを質問攻めにしていた。

そして、私たちは2人とも「夢ばかりで現実を見ていない」と断言した。

両親ともに私たちの決断に大賛成というわけではなかったが、それでも私は、なんとか

2人を納得させようとした。

ジャックも私も、勤勉に働くことを大切にする強固な価値観を持っている。この姿勢があれば、カリフォルニアでどんなことがあっても、きっと乗り越えられるはずだ。

自分が自分を信じられなかったら、いったい誰が信じてくれるというのだろう？

次に立ち寄ったのは、ワイオミング州キャスパーにあるジャックの両親の家だ。

クリスマス前のことだった。

ジャックの父親は、地元紙『キャスパー・スター・トリビューン』の発行人だった。

ジャックの3人の兄たちも、全員が父親と同じ新聞の道に進み、『オーシャンサイド・ノース・カウンティ・タイムズ』というカリフォルニア州の地元紙で働いている。

「それで、ジャック」と、ジャックの父親が切り出した。「今回の引っ越しは、ついにジャーナリズムの学位が生かせる道に進むということなのかな？」

ジャックは少なくとも正直に答えた。

「それはわからないよ。今のところ、ニュースに関しては燃え尽きたような状態になっている。小説を書いてみるかもしれないし、脚本でもいいかもしれない」

ここで目を閉じ、生涯をジャーナリズムに捧げた男性がこの発言を聞いたときの表情を想像してもらいたい。ジャックの父親は、あきれ顔を隠そうともしなかった。

記者である彼は、フィクションにあまりいい感情を持っていない。

クリスマスが終わると、私たちはすぐに西への旅を再開した。雪をいただくロッキー山脈を越え、冬のカリフォルニア州で見られる美しい砂漠を横切り、一路私たちの新しい1年と新しい生活が始まるオーシャンサイドへと向かう。

勤勉な私たちの両親は、子どもの将来を心配していた。それは彼らの人となりを考えればごく自然なことだ。

しかし私たちは、お互いを信じ、そして自分を信じていた。両親の心配もわかるが、私たちならカリフォルニアでもやっていけるはずだ。当時の私たちには、このタイミングでカリフォルニアに行くことが、まさに完璧に正しい選択のように感じられた。

私にとって、これはまさに「信じて飛び込む」選択だった。

反対者の意見に従い、変化を避け、それからずっと後悔を抱えて生きることならいつでもできる。あるいは批判を無視して、チャンスをつかみ、信じて飛び込み、何があっても自分は乗り越えられると信じるという選択肢もある（ちなみに、私の好みは後者だ）。

情熱と目的意識に突き動かされた結果、信じて飛び込むのであれば、他人の意見に惑わされず、リスクを取るのも簡単になるだろう。

ゴールデンドアでの、それほどゴールデンでもないチャンス

カリフォルニアに引っ越して最初の2年間は、さまざまなチャンスに遭遇した。たとえば、コロラド州アスペンに半年間逗留する、ロサンゼルス、シカゴ、アスペンで企業案件をこなす、といったことだ。そして機会があるたびに、地元のオーシャンサイドとラホヤで、「楽しくて健康になるジャズダンス」のクラスをさらに洗練させていった。

1974年の春、貯金が少なくなっていたこともあり、私はパートタイムの仕事に就いた（生まれて初めてのタイムカードを使う仕事だ）。職場は世界的に有名なゴールデンドア・スパで、デボラ・セーケイという女性がオーナーを務めている。

スパのあるエスコンディードは、自宅があるオーシャンサイドから車で東に1時間半の距離で、クライアントの大半は、裕福な社交界の女性、ビジネスウーマン、多種多様なお金持ちの妻たちだ。

私はそこでさまざまな仕事をこなした。ダンスとエクササイズのクラスで教える、プールでのウォーターエアロビクスで教える、施設をとりまく130ヘクタールほどの山地を歩くハイキングの引率、ジムでウエイトトレーニングのコーチをする、といったことだ。

ジャックと私は、この仕事は私にとって「ゴールデンチャンス」だとよく冗談を言っていたが、仕事はたいていきつく、しかも長時間だった

そのわりに、収入は決まった報酬とチップだけだ。それに、パートタイムの仕事だったので、ラホヤとオーシャンサイドでのダンスクラスの仕事は続けていたし、地元の小さなダンスパフォーマンスや振り付けの仕事も受けていた。

その年の秋、ソロプチミスト（実業界や専門職で活躍する女性の国際ボランティア組織）から、毎年ラホヤで開催されるチャリティーショーでのパフォーマンスと振り付けの仕事を依頼されると、私は喜んで飛びついた。

それからというもの、私はゴールデンドアでの仕事を続けながら、合間を縫ってショーのすべてを準備した――キャスティング、リハーサル、それに衣装合わせ。

しかし残念なことに、ショーは金曜夜の開催だった。金曜日はゴールデンドアでの仕事が入っている日だ。当日の午後、エスコンディードとラホヤの間の渋滞を心配し、時間までに会場に到着してショーの監督とパフォーマンスの仕事ができるかと気を揉んでいる私を見て、親切な同僚が定時より20分早く帰ることを提案してくれた。

「デボラは出張中だから大丈夫。私が穴埋めしておくよ」と彼女は言った。

私は光の速さで車に飛び乗り、ラホヤを目指して車を走らせた。

その夜のショーは大成功だった。観客が立ち上がって拍手を送る場面も何度かあり、ソロプチミストはたくさんのお金を集めることができた。

ウィン・ウィンの結果だ、と私は思った。だがそれは、翌日に電話があり、月曜日の朝一番にデボラのオフィスに行くように言われるまでのことだった。

どうやらデボラは、金曜日に私に話があり、午後5時直前にスパに電話をしたようだ。同僚はなんとかごまかしてくれようとしたが、失敗に終わってしまった。

そして月曜日、デボラはきっぱりとこう告げた。

たしかに私の立場は「パートタイム」だが、「うちで働く人たちには、うちの仕事に専念してもらいたい。あなたはたしかにいい仕事をしているが、うちで特別扱いを受けられるのはゲストだけだ。荷物をまとめて出ていきなさい」と。それで終わりだ。

クリスマスを6週間後に控え、私は唯一の安定した仕事を失ってしまった。

私にドアから出ていくように言ったとき（ゴールデンドアがいきなりそれほどゴールデンではなくなってしまった瞬間だ）、デボラは最後にこうつけ加えた。

「いつかあなたも、私がしたことに感謝するでしょう」

そして数年後、彼女の予言通りになった。

私がこの話をするのは、ネガティブな出来事がいい結果につながるという実例を知ってもらいたいからだ。ネガティブな出来事は誰もが経験する。

私も最初は、「あなたはクビだ！」という言葉はかなりこたえた。自分としては小さな失敗のつもりだったが、それがあっという間にあんなに深刻な結果につながってしまったのだ。

私が悪かったことに疑いの余地はない。本当に後悔し、心から反省していた。デボラのせいで私が窮地に陥ったような印象を与えてしまったかもしれないが、実際のところ、オーシャンサイドとラホヤのダンス教室からはもっと教える時間を増やしてほしいと要請を受けていて、ゴールデンドアは年が明けたらすぐに辞めるつもりだった。だから今回の解雇は、その予定が2カ月早まっただけだ。


それでも私は、小さな借家のわが家に戻ると、ジャックの胸に飛び込んでこの悲しいニュースを伝えた。そのときはただ、「これでクリスマスが台無しだ！」としか考えられなかった。わが家の経済状態はそれほど厳しかったからだ。

「なんとかなるよ」とジャックは言った。

そして翌日、彼は朝早く家を出ると、午後には3つの仕事を見つけて帰ってきた。

昼間はイーストサンディエゴのショッピングセンターでサンタクロースに扮する仕事と、家電量販店での品出しの仕事をかけもちする。そして夜は、オーシャンサイドのパン屋で深夜勤務だ。帰宅は朝の5時で、朝食用に焼きたてのパンも持って帰ることができる。ジャックは頼れる相棒だった。状況が厳しくなると（状況はいつか必ず厳しくなる）、話を聞いてくれる人、自分を支えてくれる人が必要になる。

たったひとりで切り抜けるのは、孤独で難しい戦いになるだろう。怒り、罪悪感、恐怖、そして収入が失われたことに対するちょっとしたパニックなど、あらゆるネガティブな感情が押し寄せてきて、ひとりでは対処しきれなくなる。

誰かに助けを求め、自分の状況をもっとポジティブな視点から眺めようとするのは、決して恥ずかしいことではない。難しい状況を分析するときは、頭は1つよりも、2つかそれ以上あったほうが、より生産的で、いい結果につながるものだ。

その年のクリスマスは寂しいかぎりだった。ジャックの勤め先からもらえるパンやペストリーをたくさん食べ、プレゼントのほとんどは手づくりだ。

ジャックは3つの仕事のかけもちを続け、そして私は、オーシャンサイドとラホヤのつてを頼ってひたすら電話をかけた。

しかし当然ながら、教えるクラスを増やしたいなら、1年のうちでこれほど悪いタイミングも他にない。たいていの人は目の前のホリデーシーズンに夢中で、運動を始めようなどとは思わないからだ。

それでも私は、なんとかしてクラスをいくつか増やすことができた。そして年の瀬も押し迫ったころ、解雇のきっかけになったソロプチミストでのショーでまいた種が、ついに芽を出してくれた。

ショーを見ていたある男性から電話があり、彼の友人で、カリフォルニア大学サンディエゴ校で住民を対象にしたフィットネス・プログラムを運営しているジョン・ケイツという人物と、カールスバッド市の公園レクリエーション課でトップを務めるジョン・ソンハルターという人物に、私を紹介したいというのだ。

それに加えて、その年のブロードウェイではミュージカルの『コーラスライン』が大ヒットし、ピューリッツァー賞と、トニー賞のミュージカル作品賞を受賞していた。

私にとって特に重要なのは、一般の人たちがジャズダンスに興味を持つようになったということだ。

1月になると、新旧のつてを頼って電話をかけ続けたことが功を奏し、午後の遅い時間から夜、そして週末は、クラスの予定で一杯になった。私は5つのフリーウェイを乗り継いで職場の間を走り回った。前からあるラホヤ、エンシニータス、オーシャンサイドのクラスに加え、カールスバッド市の公園レクリエーション課での新しい仕事もある。

「時間はすべての傷を癒やす」という昔からの言葉を信じているわけではないが、それでも時間がたてば、ものの見方や考え方が変わるのも事実だ。

今、失意のどん底にいる人も、そこであきらめず、物事のいい面に集中し、目標に向かって進んでいこう。創造性を失わず、そしてやるべきことをひたすら続ける。その不断の努力が、やがて結果につながるはずだ——たとえ今は、そんなふうには思えないとしても。

さらに、勤め先を解雇されるといったつらい経験も、自分がボスになったときにルールを決めるうえで役に立つということもつけ加えておきたい。

現在、ジャザサイズでは、従業員が辞めるとき、それが自己都合でも、解雇でも(ジャザサイズでは書面で3回警告しても改まらなかったら解雇という決まりになっている)、去っていくすべての従業員を、優しさと思いやりと敬意を持って送り出すことになっている。そもそもそれがあるべき姿だろう。

自分のために立ち上がり、自分が正しいと信じることのために行動する

好きなことを仕事にすることのもっとも大きな喜びの1つは、仕事を仕事とは感じないことだ。その結果、自分で思っているよりも仕事に熱中することがよくある。

その年の晩春になると、カールスバッド市から依頼されたダンスクラスの仕事で、月収が1000ドルを超えていたのだ。

これには私も驚いた。報酬の小切手を受け取るために事務所に立ち寄ると、受け付けの人から、「ちょっとした問題」があるので、「小切手を書く係の男性」と話す必要があると言われた。

部屋に入ると、その男性からいきなりこう言われた。

「こんなにたくさんの額をどうやって払えばいいいんだ?」

「よくわからないのですが」と私は答えた。「すべて契約通りの額だと思います」

「この額の小切手となると、市議会の承認がなければ書けないことになっている。ちなみにこの額は、公園レクリエーション課で雇っている他のインストラクターたちに払っている額よりもはるかに多い」

「それは……」と私は口ごもった。「私が他のインストラクターよりもたくさんのクラスを教えているからです!」

「たしかにその通りかもしれない。しかしこの額となると……。つまり、納得できないのは、こんな高額の小切手を出す相手が……」

彼はおそらく、「女だなんて」と言いたかったのだろう。

あるいは、「おまえのようなエクササイズを教える小娘」かもしれない。

しかしその言葉は発せられることなく、私たちの間で宙ぶらりんになっていた。当時は1975年で、性別、人種、宗教、出身国などを理由に金銭的に差別することを禁じた消費者信用機会均等法が成立してから、まだ1年しかたっていなかった。

「でも、報酬は払ってもらわないと！」

「今日はムリだ。書類を提出したら、また連絡する」

私は呆然としながら部屋をあとにした。

カールスバッドでは、すでにたくさんの困難を克服していた。大所帯になった私のクラスにふさわしい大きさで、私にとっても生徒にとっても便利な場所にある教室を確保する、小さな子どもがいる人のために保育施設を整える、といったことだ。

それでも、すでにした仕事の報酬がもらえないのは想定外であり、ショックも大きかった。起業家なら誰でも知っているように、キャッシュフローこそがビジネスの生命を維持する酸素だからだ。

翌週も、その次の週も、さらにその次の週も、相手の態度は官僚的な門前払いだった。

「承認は出ていない。まだ手続き中だ」

そして4週目になると、未払いの額は2000ドルを超えていた！

これには私も腹を立てた。私は、最新の請求書と、はっきり「延滞」と書かれている先月の請求書を持って事務所に乗り込んだ。

受付係は首を振ると、「まだ何も決まっていません」と告げた。

そこで私は、「小切手を書く係の男性」と直接もう一度話すことを要求した。

事前にジャックと話して、作戦は立てていた。リハーサルまで行ったほどだ。

私は椅子に座ると、きわめて冷静に説明した。

「契約ではもらえるはずの報酬を、もう2カ月も受け取っていません。私は契約通りに仕事をしたので、報酬を受け取る資格があるはずです。

あなたがご存じかどうかはわかりませんが、義理の兄が『ノース・カウンティ・タイムズ』という新聞の発行人をしています。義理の兄は、その新聞の編集者です。今日の午後4時までに報酬を払っていただけない場合、別の義理の兄は、オーシャンサイドにある新聞社に直行し、カールスバッド市の公園レクリエーション課は契約したベンダーに報酬を払わないと伝えます。それでは、報酬を受け取るために……」

私はそう言いながら、椅子から立ち上がった。

「また午後4時にこちらにうかがいます」

あるいは、少なくともそれが私の計画だった。そしてその日の午後、4時ぴったりに事務所へ行くと、担当者のオフィスの扉が閉まっていた。

「彼はいるのですか？」と受付係に尋ねると、

「いいえ、不在です」と彼女は返した。

私は猛烈に腹を立てた！　ぷりぷり怒ってその場を立ち去ろうとしたのだが、ふと気づき、ふり返ってこう尋ねた。

「彼から何か預かっていませんか？」

「そういえば預かっています」

彼女はそう言うと、小切手の入った封筒を私に渡した。


たしかに欲しいものは手に入れたが、あの経験は私にあることを教えてくれた。問題は、あの男性が小切手を書いてくれなかったことではない（もちろん、自分には理解できない仕事をしている女性に対してお金を払いたくないという彼の態度は、それ自体が1つの問題だ）。

本当の問題は、官僚主義的なシステムのせいで物事が複雑になっているということだ。どうすれば、私はこの問題を回避することができるだろう？

行政の官僚主義に悩まされることは他にもあった。

公園レクリエーション課では、レッスンを受けたい人は1カ月ごとに登録しなければならず、受付日も決まっている。そのため私の生徒たちは、確実に私のクラスに入るために、受付日の朝の5時から並ばなければならなかった。

この非効率的な決まりも、変えていかなくてはならない。

私の経験からいうと、官僚主義の根底にあるのは「いつもこうやってきたのだからこれが正しい」という考え方だ。これはとても融通の利かない態度であり、特に創造的な起業家には到底理解できない。

ここでカギになるのは、相手の立場で考えてみることだ。

彼らのニーズや困りごとを想像し、彼らの問題を解決、あるいは単純化し、さらに自分の問題も解決する代替案を提示する。


私は状況を改善しようと固く決意していたので、「ミスター小切手」ともう一度会い、お互いにとって利益になる解決策を提示したいと申し出た。

「あなたも毎月、朝の5時から並んでいる生徒たちの対応をするのは大変だと思います。それに、生徒ごとに月謝を徴収するのも手間がかかるでしょう。

そこで、私からの提案なのですが、クラスの登録も、月謝の徴収も、すべて私が代わりに行うということでどうでしょう？

報酬は、契約通り私が90パーセントで、公園レクリエーション課が10パーセント。そちらが受け取る10パーセント分の小切手を私が書くことにします」

彼がこの話に興味を持ったようだったので、私は続けた。

「これであなたの手間が少なくなるだけでなく、私の生徒たちも朝早くから並ぶ必要がなくなって助かります。それに私も、キャッシュフローの問題を解決できる。つまり三者とも得をするウィン・ウィン・ウィンです!」

い、い、い、
自分にとって得になることを納得すると、彼は私の提案に同意した。

誰かの強硬な抵抗で困っているときに考えてほしいのは、**本当の問題は別のところにあり、思ったよりも簡単に解決できる**かもしれないということだ。

第3章の CLEF NOTES《クレフ・ノート》

♪情熱とより大きな目的意識を合体させ、顧客に認めてもらい、自分のビジネスのミッションを明確に言語化したら、それをしっかりと心のなかにしまっておく。そのときに必要なのは、鉄の勇気と、鋼の信念だ。なぜなら……

♪あなたはあらゆる方面からの抵抗にさらされるからだ。あなたを妬む同僚、あなたを理解できない友人、時には愛する家族でさえも、あなたの足を引っぱる存在になる。そしてあなたも、そう遠くない未来に、自信は買うことも借りることもできないと学ぶだろう。自信の源は、自分のしていることを信じる強い気持ちだけだ。ビジネスを始めたばかりのころは、その自信が必要になることがたくさんある

♪すべての抵抗が言葉で表現されるとはかぎらない。電話をしても無視される、ベンダーから信用されない、失業する、といった形の抵抗もある。私の場合は、解雇されたことでさらにやる気に火がついた。よく忘れてしまいがちだが、すべての出口や終点には、新しい始まりの種がある。そこであきらめず、物事のポジティブな側面を見て、前に進み続けよう

♪自分を支えてくれる人やチームを見つける。1つの村ほど大きなチームでなくてもかまわない。たったひとりの誰か、あるいは少数の友人グループでも、あなたを信じ、あなたを批判せずに話を聞いてくれるのであれば十分だ

♪時には、誰の力も借りず、自分だけで、自分のため、そして自分が正しいと信じることのために立ち上がらなければならないこともある。時間をかけて、怒りや不満で動揺する心を落ち着かせ、状況を両者の視点から冷静に眺めてみよう。お互いにとって利益になる解決策を探し、そして自信を持ってウィン・ウィンの結果になる提案をする。この交渉で自分が手に入れたいことを前もって明確にしておき、そして相手が正しいことをする余地もつねに残しておくこと。ほとんどの人は、正しい行動を選んでくれるものだ。もしそうでなかったら、あきらめてその場を去らなければならないかもしれないが、あなたの尊厳は守られる

PART 2
自分のリズムを守りながら、変化し、成長する

人生はジャズによく似ている……。
即興で演奏するときが最高だ
— ジョージ・ガーシュウィン —

創造し続けるには、変わり続けなければならない
— マイルス・デイヴィス —

第4章

ヒント、サイン、合図を見逃さない

ダンスの世界にはミュージカリティ《音楽性》という言葉がある。これは、自分の身体を、リズム、メロディ、曲のムードとつなげる能力という意味だ。目の前の瞬間を認識しながら、それと同時に、次の動きに移る合図も見逃さないようにする。ビジネスや人生でもこのプロセスは同じだと私は信じている。気づき、受け入れ、そして行動を起こす。

あなたのビジネスが今の時点でどんな段階にあろうとも、ビジネスは生き物であり、成長を続ける。そして休むことなく、周りの環境、市場、製品、顧客、ベンダー、従業員、マネジメントについて、何らかのヒントを出している。

ビジネスリーダーであるあなたは、ビジネスから送られてくるニーズや問題、困難についての合図を見逃さず、そして見つけたときは正しく解釈する責任がある。

どの起業家の物語にも共通しているのは、重要な合図を正しく認識するか、それとも見逃すかということが、成功の美酒と失敗の涙とを分けるカギになるということだ。

私自身、そのどちらもそれなりに経験した。

合図のなかには、今すぐに立ち止まり、軌道修正を求めてくるものもある。あるいは、意味は曖昧《あいまい》だが、それでも重要な合図だというものもあるだろう。

私が思うに、ここでのカギは、困難を前にしてただ反応するのではなく、こちらから先手を打って行動することだ。

コントロールを手放すために必要だった合図

1977年になると、私のスケジュールはいつもパンパンだった。1週間に25コマのクラスで教え、さらに週末のワークショップと広報のパフォーマンスの仕事がある。

1クラスの生徒は平均50～60人ほどだ。私はダンスの手本を見せながら、音楽に負けない大きな声で、生徒たちに指示を出したり、励ましの言葉をかけたりする。

そのため1週間の終わりになると、たいてい声がかれていた。

そんな状態を続けていると、のどの調子がどんどん悪くなり、週末にはほとんどささやき声しか出なくなってしまった。

私は主治医に診てもらうことにした。治療用のスプレーのようなものを処方してもらえないかと期待していたが、医師からもらえたのは耳鼻咽喉科の専門医への紹介状だった。

私の声帯を診察すると、専門医は言った。

「あなたの仕事は何ですか？」

私が説明すると、「なるほど、それなら納得だ！」と彼は言った。

「声帯にコブができている。原因は使いすぎです」。彼はそう言うと、さらに続けた。

「手術で取り除くこともできますが、お仕事のスケジュールを考えると、取ってもすぐにまたできてしまうでしょうね。私がおすすめする方法は、5日間はまったく声を出さないことです。ささやき声でもいけません。何か伝えたいことがあるときは紙に書く。話すのは一切禁止です。

それで効果があるか見てみましょう。それから、今後はスケジュールを見直したほうがいいでしょうね。教えるクラスを減らすか、助手を見つけてください。そうでないと、まったく声が出なくなるリスクがあります」

この言葉には、さすがの私も震え上がった！

正直に告白すると、夫のジャックも、他の人たちも、他のインストラクターにクラスのいくつかを担当してもらうというアイデアを提案した。

代わりのインストラクターは、私が指導して育てればいい。

しかし、私はそれではうまくいかないのではないかと心配していた。

ジャザサイズは私そのものであり、私のパーソナリティと、私独自の動きが反映されている。私のクローンでもつくらないかぎり、私のクラスを完璧に再現することは不可能だと断言できる。

もちろん、そこには私のエゴもあった。

自分の仕事は誰でもできると認めたい人などいないだろう。

それでも、声が出なくなることは1つの合図だった。

自分だけで、すべてをコントロールするのはもうムリだということだ。


私はしぶしぶと、もっとも経験のある5人の生徒に連絡を取った。

全員がすでに最新の振り付けをマスターしている。彼女たちに、私が療養中にクラスの指導をしてもらえないかとメモを渡して相談したところ、全員が「イエス」と答えた。

これは本心からいうのだが、私の人生でもっとも幸せを感じた瞬間の1つは、ある長年の生徒から電話があって、こう言われたときだ。

「ニッキ（・ミラー）のクラスが終わったところなんだけど、彼女は最高だった。みんなもそう言っている。あなたの教え方とは違うけれど、それでもすごかった！」

電話が終わると、私はこう思った。

「ハレルヤ！　これで教える仕事をもっとたくさんの人にまかせられる！」

あれから数十年がたった今、声を失うことが1つの大きな転機になったことがはっきりとわかる。あれは、ジャザサイズが地元の小さな教室から、グローバル規模の一大事業にまで成長するきっかけだったのだ。


起業家にありがちな問題は、自分のビジネスは自分にしかできないと思い込んでしまうことだ。解決策は簡単だ。ただ自分のエゴをチェックし、たしかにやり方は自分とは違うかもしれないが、他の人にまかせても問題ないと認めるだけでいい。

あなたもいつか、「他人にまかせるときが来た」という合図を受け取るだろう。

それは私ほどドラマチックではないかもしれないが、成長しているかぎり、どこかの段階で、自分は何でもできる超人ではないという事実を受け入れなければならなくなる。

ビジネスが大きくなるほど、あなたの心身や魂にのしかかる責任も重くなる。人間関係や、人生全般も影響を受けるだろう。自分のストレスレベルを注意深く観察し、もう一組（あるいはそれ以上）の手が必要になるときをきちんと見きわめる。

もっと成長するには、自分以外の人の力が必要だ。この合図を恐れてはいけない。

あなたのビジネスが成長している証拠なのだから！

最新テクノロジーを採用すべき2つのサイン

長年にわたって自分ひとりでしてきたことを他の人に教えるのは、なかなか骨の折れる仕事だ。私の場合、最初のステップは、自分がかぶってきたたくさんの帽子を検証し、どの帽子を他の人にかぶってもらうかを決めることだった。

当時の私は、クラスの予約管理と運営をすべて自分でやっていた。

さらに、クラシックからスタンダード、最新ヒット曲まで、あらゆる曲に合わせて新しいルーティンの振り付けをする。それに加えて、週に25コマのクラスでは、楽しくて健康になる55分間を生徒に提供しなければならない。

私が考えていたのは、まずインストラクターを育成し、それぞれのクラスの運営や管理もまかせるという方法だ。そして私は、「ジャザサイズ」という名称と、私の振り付けの使用料として、売上の一部を彼女たちから受け取る。

現在にいたるまで、ジャザサイズの核となる強みは、新しい曲やフォーマットに合わせてつねに進化し、いつでも革新的なダンスの動きやフィットネスのテクニックを取り入れていることだ。

起業家であれば、自分で自覚しているよりもたくさんの帽子をかぶっているものだ。

そこで自分がかぶっているすべての帽子を、一度リストにしてみることをおすすめする。

あなたがいちばん得意な役割は？

他の人にまかせられそうな役割は？

それらの質問に答えたら、自分がいちばん得意なことに集中し、それ以外の仕事を分担する方法を考える。


週末のワークショップを数回重ねた結果、5人の新しいインストラクターが誕生した。私がかつてやったように、彼女たちもこれから自分のビジネスを始めることになる。教室の場所を見つけ、チラシを配り、入会を受け付け、ジャザサイズを教えるのだ。

それからしばらくすると、新たに5人の生徒がインストラクターの訓練を受けたいと言ってきた。これでジャザサイズのインストラクターは、「ファースト・ファイブ」から「ファースト・テン」になった。数カ月のうちにその数は30人にまで増え、南カリフォルニアの各地に公認のジャザサイズ教室が誕生した。

こうやってジャザサイズのインストラクターが増えたおかげで、私は自分の担当するクラスを週に12コマまで減らすことができた。これは以前の半分だ。

そして空いた時間を使って、新しいルーティンの振り付けや、どんどん増えていく新しいインストラクターのサポートを行う。

当面の問題は、新しい振り付けを紙に書いて伝えることだ。

私は以前から、自分用に振り付けを紙に書いていたが、タイピングは私の強みではない！（これもまた変化のサインだ）。

教室で私のメモをタイプしてくれる人を募集したところ、ここでもまた、商標登録で手助けをしてくれたマーガレット・スタントンが立候補してくれた。

それから間もなくして、マーガレットはわが社で最初のフルタイムの従業員になり、最終的に最高執行責任者（COO）に就任することになる。自分と違う強みを持ち、自分の弱みを補完してくれる人を頼ることができるのは、なんて心強いのだろう。

週末は、インストラクターを集めてワークショップを開催した。

私たちはそこであらゆる問題について話し合い、アイデアを交換し、新しい振り付けを学んだ。さらにインストラクターが、新しくマスターした振り付けをみんなの前で披露することもあった。新しい振り付けには、すべて紙にタイプした説明がついている。

これは現在でも続いている習慣だ。

しかしある週末、パームスプリングスにほど近いトゥエンティナイン・パームズの教室で教えているカレン・ブロディとマーシャ・コールという2人のインストラクターが、大きなビデオカメラと三脚を携えてワークショップにやって来た。

どうやらマーシャの夫は高校の校長先生で、高校の備品であるこの高価なカメラを借りることができたらしい。その当時、家庭用のビデオカメラはまだ普及していなかった。

「新しいルーティンをビデオで撮影してもいい？」と2人は尋ねた。

「そうすれば家に帰ってからおさらいするのがすごく簡単になるから」

もちろん、私は「イエス」と答えた。

その瞬間、これはすばらしいアイデアだと確信していた。


それからの数カ月、カレンとマーシャは新しい振り付けの撮影を続け、私は夫のジャックを質問攻めにしていた（ジャックは元テレビレポーターだ。覚えているだろうか？）。

「ビデオカメラっていくらくらいするの？　どこで買えるの？　他に必要なものはある？」

といった具合だ。

なかでもいちばん気がかりだったのは、「会社でビデオカメラを購入して、新しい振り付けをテープに録画したとしても、インストラクターたちはそれを自宅で見るためのプレーヤーを買えるだろうか」ということだ。

次の週末、ジャックと私はクレアモント・メサにある店に車で向かった。

その場所を選んだのは、近くにテレビ局が2つあるからだ。私たちは何度か深呼吸すると、パナソニックのビデオカメラに決めた（値段はなんと1400ドルもする）。さらに、ビデオテープレコーダー2台（1台1000ドル）と、録画用のVHSテープを数十本（1本20ドル）も買った。初期投資はかなりの額になってしまったが、それ以上のリターンはあると確信していた。

当時の1977年は、アメリカで初めてVHSのテクノロジーが使えるようになった年でもある。それからしばらくすると、ビデオカメラ、ビデオデッキ、VHSテープの価格は大幅に安くなった。それはいいことでもある。

なぜなら1979年になると、ジャザサイズのインストラクターは100人にまで増え、振り付けのテープをつくるのにビデオデッキが24台も必要になっていたからだ。

かわいそうなことに、ビデオのダビング、ラベル貼り、配送の係を買って出てくれたジャックは、いつも首からストップウォッチをぶら下げ、新しいテープをデッキに入れるタイミングを見はっているはめになってしまった。

新しい振り付けを踊る私を撮影するのもジャックの役割だった。最初のうちはわが家の裏庭で撮影し、飼い犬のブラッキーが台本にないカメオ出演をすることも何度かあった。

その後は会社で撮影スタジオを所有し、JMTVスタジオと名づけた。プロ仕様のJCVスタジオカメラ3台と、100台のビデオデッキが装備されている。

さらにダビングを専門に行う従業員も2人雇った。最新のテクノロジーを採用するという伝統は今でも健在で、現在のスタジオはJMデジタルワークスと呼ばれている。新米の起業家にとって、つねに進化するテクノロジーについていくのは、たしかに金銭的に大変なことだ。しかし、最新のテクノロジーを取り入れないことのコストは、それよりもさらに高くつく。

ジャザサイズも、出てきたばかりのVHSのテクノロジーを活用してインストラクターの育成を行っていなかったら(現在はライブストリーミングを活用している)、あそこまで早く成長することはなかっただろう。

1979年、土曜日の朝のインストラクターワークショップで、私はおかしなことに気がついた。教えるクラスは減らしていたが、それでも週末になると声がかれていたのだ。そして、その問題を抱えていたのは私だけではない。

インストラクターはみな、音楽に負けない声を出さなければならなかったからだ。

前に診てもらった耳鼻咽喉科の先生に再び診てもらったところ、彼はこう言った。

「まだ声がかれる？　それならマイクを使ってみては？」

この発言が、また別の新しいテクノロジーとの出合いにつながった。ここでのミッションは、激しい動きにぴったりのマイクを見つけることだ。

残念ながら、私たちが求めていたテクノロジー（小さくて軽く、無線で、汗をかいても問題ない防水機能を備えたマイク）はまだ存在しなかった。実際、それが手に入るようになるのは何年もあとのことだ。

そこで私たちは、手に入る道具で試してみた。ガムテープ、ネックレス、マイクスタンドなど、いろいろと試行錯誤した結果、出てきたばかりの軽量のオーディオテクニカマイクを採用することにしたのだ。

1980年代になると、ナディ・アンド・シュレーから初めて発売されたワイヤレスのピンマイクを使用した。そして1990年代に、NASAで開発されたワイヤレスで軽量のヘッドセットが一般にも出回るようになると、私たちはフィットネス業界でもっとも早く採用している。

ジャザサイズはつねに新しいものを受け入れてきた。起業家を目指すなら、誰でもこの精神が必要だ。何かが便利かどうか、新しいアイデアにつながるかどうかは、使ってみなければわからない。

起業家であるなら、「必要は発明の母」という言葉の正しさを実感しているはずだ。自分の製品を開発し、自分のビジネスを始めたときに発揮した創造性が、これから必ずぶつかることになるさまざまな難問を解決するときにも役に立ってくれるだろう。

ニーズを特定し、選択肢を吟味し、実験する。そしてすべてが失敗したら、今度は即興を頼りにする。

1つのいいことが、他のいいことを連れてくる

1979年の夏、私はテレビでジャザサイズの短い実演を披露することになった。ダイナ・ショアが司会を務める人気の番組だ。全国放送のテレビに出演するのはあれが初めてだった。私はインストラクターから教室の生徒、友人、家族まで、あらゆる知り合いに連絡し、テレビを見るように伝えていた。

放送日の数日前、私は最後のブレインストーミングを行い、アーティストで友人のコニー・ウィリアムズを訪ねた。番組で着用するレオタードに、シルクスクリーンで「JAZZERCISE」という文字を印刷できないか教えてもらうためだ。

コニーは印刷を引き受けてくれた。そこで私は、テレビの視聴者によく見えるように、できるだけ文字を大きくしてほしいとリクエストした。

コニーは最高の仕事をしてくれた(彼女に神の祝福を)。

ジャズの雰囲気がよく出るフォントを選び、さらに「j」と「i」の点が星形になっている。しかもそれだけでなく、赤地に白い文字で印刷することに成功してくれた。これで

「JAZZERCISE」という文字がテレビの視聴者にもよく見える。

私は大喜びだった。着ている私はいい気分になり、それにテレビで私を見た人も「JAZZERCISE」という文字がイヤでも目に入るだろう。

この物語の教訓は、1つのいいこと（私のテレビ出演が決まったこと）が、他のいいこと（この場合はグッズの商品化）につながるということだ。

あなたはただ、サインを見逃さないだけでいい。

テレビ出演が終わると、まったく予想していなかったことが起こった。

ジャザサイズのインストラクターや生徒から問い合わせが殺到したのだ。

『ダイナ・ショア・ショー』でジュディが着ていたジャザサイズのレオタードはどこで買えるの？」「他の色もあるの？」「他のレオタードもありますか？」

私たちはまったくの偶然から、ジャザサイズオリジナルのレオタードに大きな需要があることを知ることができたのだ。

しばらくの間は、コニーと私でジャザサイズのロゴ入りのレオタードを製作・販売していた。しかし、注文があまりにも増えたために、「ジャザトグス」という名称でマーチャンダイズ部門を設立し、従業員のマーガレットが連れてきたシンディ・ラクストンに管理をまかせることにした。

これはまったくの偶然から生まれた部門だったが、その後クリスティ・ビベイロスも加わって成長を続け、「ジャザサイズ・アパレル」と呼ばれるようになった。

現在、ジョーン・マリー・ウォレスが率いるジャザサイズ・アパレルは、ジャザサイズ・ブランドの衣類やアクセサリーのデザイン・製造・販売を手がけ、年間の売上は580万ドルだ。

時には、懸命に努力してビジネスのコンセプトを開発し、そのおかげで思わぬチャンスが舞い込んでくることもある。ジャザサイズのアパレル部門もそうだった。

ロゴ入りアパレルのおかげでジャザサイズの知名度が上がり、グッズ販売も売上に貢献してくれたが、効果はそれだけではない。

健康で幸せそうなジャザサイズの生徒やインストラクターが、ジャザサイズのアパレルを誇らしげに身にまとって地元を闊歩《かっぽ》すると、その地域に暮らすジャザサイズのターゲット層にジャザサイズの名前がより広く浸透するという効果もあった。

この結果は、狙っていたわけでも、期待していたわけでもない。ある1つの成功が、予期していなかった新しい可能性につながることがある。

だから目をよく開けて、チャンスを見逃さず、うまく活用しなければならない。

起業家が聞きたくないメッセージ

1982年になると、ジャザサイズの公認インストラクターは1000人を超え、教室は全米のほぼすべての州と、いくつかの外国にも広がっていた。ジャザサイズの音源を集めた最初のアルバムはゴールドディスクになり（つまり、2万5000枚以上売れたということ）、最初の書籍『ジャザサイズ：楽しくフィットネス（Jazzercise: A Fun Way to Fitness）』もベストセラーになって4刷りまで増刷を重ねている。

それに加えて、私は2人めの子どものブレンダンを妊娠していた。

つまりあらゆる面から見て、人生は順調だった。

そんなおり、顧問弁護士のスタン・グリーンと、会計士のレナード・パリザーから連絡があった。2人ともビバリーヒルズ在住だが、急いで会って話したいことがあるという。

これは二重の危険信号だ。スタンとレナードに会うときは、いつもどちらか1人だった。

2人そろって緊急会合を要請してきたことは、それまでに一度もない。

歯に衣着せぬ物言いが持ち味のスタンが、まず口火を切った。

「ジュディ、悪いニュースを知らせることになってしまって申し訳ないが、でもあなたのしていることは違法だ」

「問題は」とレナードも続けた。「インストラクターたちとの関係が、国税庁が定める『独立業務請負人』の厳格な基準を満たしていないことだ」

「要するに」とスタンは言った。

「あなたはかなり難しい決断をしなければならない。すべてのインストラクターをジャザサイズの従業員にするか、あるいは全員とフランチャイズ契約を結ぶのか」

どんな起業家も、いずれ大きな決断を迫られるときが来る。断腸の思いで何かを決めなければならない瞬間だ。私にとっては、これがまさにその瞬間だった。

信じて飛び込む覚悟でこのビジネスを始めたときと同じように、今回の決断も生半可な気持ちで下すわけにはいかなかった。ジャザサイズに関係するすべての人の人生に、大きな影響を与えることになるからだ。

残念ながら、2人の専門家の意見は割れていた。会計士のレナードは従業員にする案を支持し、弁護士のスタンはフランチャイズの案を支持した。

両方の選択肢について考えながら、私の脳裏にはインストラクターたちの顔が浮かんでいた。かつての生徒が、今はそれぞれの地元で、ジャザサイズのインストラクターとして成功している。

オハイオ州のジェリ・サイプ、ニューメキシコ州のディーディー・コバセビッチ、ウィスコンシン州のペギー・ライネンクーゲル、そして他にもまだまだたくさんいる。みなパワフルで、熱意にあふれた女性たちだ。

私と同じように、起業家としての情熱も、目的意識も持っている。

彼女たちは会社に雇われたいと思うだろうか？

そして私は、彼女たちの雇い主になりたいだろうか？

ジャザサイズの本質は、生徒たちが運動の楽しさを発見し、自分に自信を持って、健康で幸せな人生を実現する手助けをすることだ。

しかし、インストラクターたちがジャザサイズによって力を手に入れ、自立したビジネスウーマンになることも、同じくらい重要であるはずだ。

私は最終的にフランチャイズの選択肢を選んだが、そこに私なりの工夫も加えている。

フランチャイズ業界では、フランチャイジーにまず高額の加盟金を払ってもらい（最低でも2万5000ドル）、継続して支払うロイヤルティ（ブランドの使用料や、ノウハウ提供などへの対価）は3～10パーセントと低く抑えるのが一般的だった。

しかし私たちは、その逆を行くことにした。

加盟金は500ドルと低く抑え、ロイヤルティは毎月の総売上から家賃を引いた額の20パーセントにした。

そんなのはおかしいと言う人もいたが、ジャザサイズにとっても、フランチャイジーのインストラクターたちにとっても、このやり方はうまくいった。

1983年には、成功したあるジャザサイズのフランチャイジーが（ちなみに、ほとんどのフランチャイジーは成功していた）、ロイヤルティとして年間に7万5000ドルも支払ってくれた。現在の価値に換算すると18万7495ドルだ。

インストラクターたちとフランチャイズ契約を結ぶのは難しい決断だったが、それでも間違いなく正しい決断だった。そして1985年、ジャザサイズは、ドミノ・ピザに次ぐ全米第2位のフランチャイズ会社になるまで躍進した。

ビジネスでも人生でも、難しい決断に直面したら、私からの「直感、頭、心」というアドバイスを思い出してもらいたい。内なる声、つまり直感の声を聞き、頭で考え、そして心に導かれて前に進む、という意味だ。

高額のコンサルタントからの矛盾したメッセージ

ジャザサイズの黎明期《れいめい》、何らかのチャンスが現れたら、チャンスを受け入れる「イエス」と、拒絶する「ノー」の割合は、おそらく25対1くらいだっただろう。

迷ったときは、まず直感の声を聞き、そしてほとんどの場合、思い切ってチャンスに飛び込んでいた。

ビジネスを始めたばかりの段階なら、あらゆるチャンスをつかみにいくのが理にかなっている。ビジネスの存在を世間に知らせて展開することで、最初の成長の波にいち早く乗れるからだ。

しかしある時点で、「イエス」と「ノー」の割合を意識的に変化させなければならなくなる。それはもしかしたら、あなたが成功して有名になり、自分のアイデアや関心、目的とは合わない人からアプローチを受けたときかもしれない。

あなたのビジネスについてあなたよりよく知っていると主張する人がいたら、特に注意が必要だ。そして願わくは、私がしたような失敗を、あなたには避けてもらいたい。


1985年になると、ジャザサイズは「スタートアップ」と呼ばれる段階をすでに大きく超えていた。フランチャイジーは、全米50州だけでなく、17の外国にも広がっている。新しく建設した社屋には、ダンススタジオとJMTVのレコーディングスタジオだけでなく、成長著しいマーチャンダイズ部門のジャザトグスで使用する倉庫も完備されていた。

さらに、大金を払って外部のコンサルタントまで雇っていた。彼らの仕事は、ジャザサイズのために「新しい収入源を模索する」ことだ。

私がまず興味を持ったのは、子どもの発達の専門家を連れてきたコンサルタントの話だった。彼は話し合いの場に、幼児用のボール、ブロック、登って遊ぶおもちゃなども持ち込んでいた。

ジャザサイズのスタジオに子どもが遊べるような場所も設置すれば、小さな子どもがいる生徒にアピールでき、私たちの売上も伸びるだろうとのことだ。実際、当時2歳半だった息子のブレンダンも、コンサルタントが持ち込んだ遊具で楽しそうに遊んでいた。

息子の嬉しそうな笑顔を見て、私は心を動かされた。

内心では懸念もあったが、私はゴーサインを出した。カリフォルニア州のアーバインとバージニア州のレストンに、子どもが遊べる場所を併設したスタジオを試験的に建設する。私がモデルになって施設の宣伝用の写真まで撮った。もちろん息子のブレンダンも一緒に写真に収まっている。会社としては、この2つの施設が成功したら、全国にも展開するつもりだった。

それからというもの、まずは場所のリースの交渉に長い時間をかけ、地元当局から許可をもらうと、ついに施設ができあがった。招待されてアーバインの「ジャザジム・スタジオ」を訪問した私は、思わずわが目を疑った。

子どもの遊び場がメインになり、そのせいでダンススタジオがあまりにも狭く、すみに追いやられている。これではインストラクターの動きを見ながら踊ることなど不可能だ。

レストンのスタジオも同じだった。私は、楽しそうに遊んでいるブレンダンを見てつい嬉しくなり、自分の直感の声を聞くのを忘れてしまったのだ。

これはとても大きく、しかも高くつく失敗だった。どちらのスタジオもキャンセルするしかない。損失を受け入れ、また前に進んでいくだけだ。

とにかく教訓を学ぶことはできた、と私は考えた。子ども用の室内ジムというアイデアを生かせるビジネスもあるだろう。

ただ、私たちのビジネスには合わなかったというだけだ。

ここで覚えておかなければならないのは、あなたのビジネスをいちばんよく知っているのはあなただということ。自分らしさを手放してはいけない。

1990年代、ジャックとJMTVは、ジャザサイズの家庭用ワークアウトビデオを発売し、賞を受賞した。「シンプリー・ジャザサイズ」「パワー・ワークアウト」「ボディ・スクラプティング」などのタイトルは、ベストセラーになっている。

ビデオ購入者のほとんどは、ジャザトグスのカタログ販売を通じてすでに顧客になっている人たちだ。カタログは定期的にすべてのジャザサイズ・インストラクターに送られ、スタジオ内での閲覧用にしたり、クラスのあとで生徒に配ったりしている。そしてジャザサイズのマーケティングチームは、顧客層を広げる方法をつねに模索していた。

そこに、また別のMBAがやってきた（私はなにも、MBA自体を否定しているわけではない。ただ前回の苦い経験から、自分のビジネスをいちばんよく知っているのは自分だと学んだだけだ）。

ここでもまた、長々と分析と討論を重ねた結果、高額で雇ったコンサルタントたちは、製品の売上を劇的に伸ばす完璧な方法をついに発見した。

彼らがテーブルの上に並べたビッグなアイデアはこうだ――ジャザサイズのインフォマーシャル（商品やサービスの内容をテレビで紹介する通販コマーシャルの一種）を作成し、放映する。製品はすでに存在するので、その点でのコストはかからない。

私たちはただインフォマーシャルの専門家を雇って脚本と制作をまかせ（どちらの仕事も、わが社のJMTV部門の能力を超えているようだった）、インフォマーシャルのチャンネルから放送枠を買い、あとは注文が増えるのを眺めていればいいだけだ。

わが社の経営陣も、マーケティングチームも、口をそろえて言った。

「それはいいアイデアだ！」

私は考えた。「でも、どうだろう……」

直感的に「これはいける」とは思えなかった。

ジャザサイズのいちばんの売りは、昔から「製品」ではなく「人」だったからだ。

たしかに製品も販売しているが、収入の柱は、教室で生徒たちと直接つながることだ。

ジャザサイズはつねに人を主体にしてきたが、このインフォマーシャルはモノが主体になっている。それが私にはしっくりこなかったのだ。

私は「ノー」と言うべきだった。でも言わなかった。

二度目の苦い経験を短くまとめると、インフォマーシャルは失敗した。制作費だけで50万ドルあった予算の大半を使ってしまい、放送枠を買うお金がほとんど残らなかった。何回か放送はしたが、反響はなかった。

さらに傷口に塩を擦り込むかのように、インフォマーシャルのプロデューサーが、わが社のマーケティング部副社長だった女性に対して、とても断れないような好条件のオファーを出したのだ。ジャザサイズは、お金だけでなく、有能なマーケティング部のトップも失ってしまった!

自分のビジネスの本質を見失わないようにしよう。

合図やサインに目を光らせ、軌道修正するチャンスを逃さないようにする。どんなに周りから急かされても、自分の準備ができていないなら、信じて飛び込むのはやめること。ただ状況の変化に反応するのではなく、先手を打って動く方法を時間をかけて学ぶ。そして忘れてはいけないのは、最高のダンサーでも時にはステップを間違えるということ。

そこでの選択肢は、体勢を立て直し、再びビートに乗り、前に進むだけだ。

第4章の CLEF NOTES《クレフ・ノート》

♪よく考えなければならない状況や、すぐに行動を起こさなければならない状況になると、ビジネスはあなたに何らかの合図やサインを送ってくる。それを見逃してはいけない。ここで大切なのは、ただ反応するのではなく、先手を打って行動することだ

♪起業家なら、自分のビジネスに情熱を持ち、なんとかして守りたいと思っているだろう。それは家族に対する愛情とよく似ている。大切なものを他人にまかせるのたしかに難しいことだが、ビジネスが成功するほど、すべてをひとりでコントロールするのは不可能になる。考え方を変え、これはむしろいいことだと受け入れよう

♪直感の声を聞く。あなたの情熱、経験、強み、才能、失敗、学んだ教訓のすべてを基盤にして生まれるのが、あなたの内なる声だ。何かがおかしいと感じるなら、その気持ちを無視してはいけない。時間をかけてよく考えよう。前に進んでもいいのは、内なる声が賛成するときだけだ。内なる声にまかせて道を間違えることはない

♪初期投資の大きさに気持ちがひるむのもよくわかるが、最新テクノロジーは積極的に取り入れるべきだ。成長の燃料になる、パフォーマンスの向上、製品やプロセスの簡略化、社内・顧客・ターゲット層とのコミュニケーションの円滑化など、利点はたくさんある。長い目で見ればコストを上回るリターンがあるだろう

♪1つの成功が別の成功につながる。それはつまり、ある分野での成功が、予期していなかった別の分野での成功につながるかもしれないということだ。可能性を見逃さないようにしよう

♪成功するほど、あなたの周りには人が増えていく。一緒に働きたい、パートナーになりたい、あなたのためになるアイデアがある、という人たちだ。高額のコンサルタントなど必要ないと言いたいわけではないが、忘れてはならないのは、あなたのビジネスをいちばんよく知っているのはあなただということだ

第5章

有機的に成長し、世界に広がる

成長のチャンスが現れたときは、
直感の声が「行け」と言うなら行くべきだ
というのが私の哲学だ。
他の人たちが状況の分析を終えるころには、
おそらくチャンスはすでに消えているだろう。

起業家の世界で昔から続いている議論がある。

それは、計画は必要かどうかという議論だ。ベンチャー企業が成功するには、最初の3年から5年のビジネスプランが必要不可欠だという意見もあれば、その一方で、私が「計器に頼らず飛ぶ人たち」と呼ぶ人たちが主張する「とにかくやって、どうなるか見てみよう」というアプローチもある。

計画か、無計画か

数十年前からずっといっていることだが、ジャザサイズを起業したとき、私は「ビジネスプラン」のことなどまったく考えなかった。いちばん大切なのは私の情熱と目的意識であり、同じような情熱と目的意識を持つ人たちとつながることだ。

今から数年前、ビジネス作家のニコラス・タートが、ビジネスプランをつくらずに起業した10億ドル規模の会社を10社リストにした。そのリストには、グーグル、ヤフー、アップル、フェイスブック、ゼネラル・エレクトリック、ディズニー、ペプシ、ナイキ、シスコ、ウォルマートと、錚々《そうそう》たる会社が並んでいる。

つまり、ジャザサイズには頼もしい仲間がいるということだ。

私はなにも、ビジネスプランは重要ではないといっているわけではない。現在のジャザサイズはビジネスプランを立てている。

私がいいたいのは、つねに必要というわけではない、ということだ。

ニコラス・タートも言っているように、大切なのは「たくさんの人の助けになるシンプルなアイデアから始め」、あとは「自然な成長にまかせる」ことだ。

ビジネスで大切なのは、いつ、どこで始めるか

昔からよくいわれているように、後知恵はつねに正しい。

私も今からふり返れば、1977年に本格的な会社になったジャザサイズが、なぜあそこまでのスタートダッシュが切れたのか明確に説明できる。

それは、カギとなる4つの要素がうまくかみ合ったからだ。

その4つの要素を簡単にまとめてお伝えするので、ぜひベンチャーを始める場所とタイミングについて考える材料にしてもらいたい。

最初の要素は「経済情勢」だ。

1973年から1975年にかけて、アメリカは景気後退に苦しんでいたが、1977年になるとすでに完全な回復ムードになっていた。生産量、雇用、個人消費もすべて上昇し、それにウォーターゲート事件も、ニクソン大統領も、ベトナム戦争もすでに過去のことになっていたので、社会の空気も明るかった。

もちろん、すべての好条件が整うまで起業を待つべきだというわけではないが、あれから5回のリセッションを生き残った私にいわせれば、景気のいいときに起業するに越したことはない。

特に当時のジャザサイズのように、それまで市場に存在しなかったまったく新しい製品やサービスを提供したいのであれば、景気はますます重要になる。

2つめの要素はいわゆる「時代精神」だ。

核となる顧客の気分やムードもビジネスの成否に影響を与える。1977年は女性解放運動が広く浸透し、女性も少しは家事から離れて自由な時間を持つべきだと考えられるようになっていた。家のこと、車、洗濯物、子どもの心配はほどほどにして、「自分のために何かをする」のだ。

多くの女性にとって、1回55分間、週に2回というジャザサイズのクラスは、まさにその「何か」だった。彼女たちは教室にやって来て、楽しく身体を動かし、気分爽快になり、スタイルもよくなる。友だちを誘う人もいれば、教室で新しい友だちをつくる人もいる。スタイルや健康状態がよくなることに加えて、ほとんどの生徒は精神状態の向上も報告している。自分に自信が持てるようになるのだ。

そして多くの人がその自信に後押しされ、ジャザサイズの公認インストラクターになるトレーニングを受け、自立したビジネスウーマンになることに挑戦している。

あなたのビジネスコンセプトは、核となる顧客の今の気分と合致しているだろうか？より合致させるために、何かできることはあるだろうか？

たとえばジャザサイズでは、生徒たちがレッスンを受けやすくするために、必要があればレッスン中の託児サービスを提供した。このサービスは今でも続けている。なぜなら生徒たちにとっても、私たちにとってもプラスになるサービスだからだ。

3つめの要素は「ビジネスを始める場所」だ。

そこは、初期の顧客やインフルエンサー、さらにはあなたが理想とするより大きな顧客層が、簡単にアクセスできる場所だろうか？

私がジャザサイズを始めた場所は、シカゴにあるジョルダーノ・スタジオだった。たしかに最初からそれなりに成功することはできたが、ジョルダーノ・スタジオは伝統的なダンスを学ぶ場所だ。

一方で、シカゴから移った南カリフォルニアは、健康志向が高く、エクササイズでスタイルをよくしたい人も多い。つまり私たちは、偶然にもジャザサイズにぴったりの場所を選んでいたということだ。

楽しくてエキサイティングな新しいフィットネス方法への関心は高く、さらに1年を通して好天に恵まれることが多い気候も、エクササイズ熱に拍車をかけていた。

さらに、ジャザサイズは地元の住民だけでなく、軍関係者からも人気だった。軍に所属する女性や、軍関係者の妻たちが、各地の基地で開催されるジャザサイズ教室にこぞって参加してくれた。軍関係者は転勤が多く、移った先でも教室を探すことになる。その結果、ジャザサイズが他の州だけでなく、外国にも広まることになったのだ。

インターネットの出現で、会社と顧客の距離は大幅に近くなった。とはいえ、たとえネット上で開業するとしても、自分の顧客にもっとも近い場所を選ばなければならない。

最後の要素は、前の章でも述べたように「最新のテクノロジーを積極的に取り入れる」ことだ。

かつての最新テクノロジーはVHSだった。これがあれば、簡単にダビングして多くの人に配ることができる。現在の最新技術は、トレーニングのライブストリーミング、最新情報をいち早く伝えられるウェブサイト、生徒と直接つながるSNS、そしてフランチャイジーたちと連絡を取るネットの専用チャンネルなどだ。

創業当初は予算に余裕がないのは理解できるが、コストとリターンの計算を慎重に行ってもらいたい。テクノロジーに投資することによるリターンは、コストを大きく上回るのではないだろうか？

予算が足りないというのなら、他に切り詰められるところを探してみよう。

劇的な成長と、それにともなう痛み

創業から8年、ジャザサイズはワンマンならぬワンウーマンショーだった。

私はいきなりリーダーに担ぎ上げられ、10人のやる気に満ちあふれた新人インストラクターたちのために、意思決定する立場になった。その後も、46平方メートルの狭いオフィスに、たくさんの女性たちが参加することになる。

当初、フルタイムの従業員はマーガレット・スタントンだけだった。

オフィスの業務はすべて彼女が取り仕切っていた。電話の応対もすれば、クラスを増やしてほしい、インストラクターを増やしてほしい、サンディエゴ郡の外にも教室を開いてほしいというリクエストにも応じる。

たしかに大変そうだが、それは嬉しい悲鳴だと思うかもしれない。

私もそう思っていた。しかし、1人のインストラクター（私だ）しかいないビジネスから、11人、さらにその年の終わりには30人まで増えたインストラクターを抱えるビジネスに成長すると、さすがにいつまでも小さなスタートアップのような気分ではいられなくなってくる。

実をいうと、私は計画を立てるタイプではない。

とりあえずロケットに乗ってしまい、あとは直感を頼りに進んでいく。

私が幸運だったのは、自分が即興で問題を解決する能力に恵まれていたこと（この能力は母親譲り）、そしてそこに、経営の学位も経験もあるマーガレットの堅実な管理能力と、ファースト・テンのインストラクターたちの才能（当初は未知数だったが）が加わったことだ。

彼女たちはみな、私と同じくらいこのジャザサイズに情熱を傾けていた。

成長の壁① 直感から明確な基準に置き換える

ファースト・テンのインストラクターは、次のような基準を満たすことを条件に、すべて私が直感で選んだ。

- ダンスに向いている身体能力
- 振り付けを早く覚えるスキル
- 元気があること
- 熱意があること
- 忍耐強いこと
- ほぼダンス初心者の生徒たちの気持ちを理解し、55分間のクラスを楽しく効果的に指導する能力

- 独立したビジネスとして自分のクラスを管理・運営する知的な能力と、生徒を増やしてクラスを大きくすることを目指す野心

その後、インストラクターの需要が急増したために、よりフォーマルな選別とトレーニングのプロセスが必要になった。

私の解決策は、全員の知恵を借りることだ。

ファースト・テンとマーガレットと私でブレインストーミングを行い、当時の状況に合ったトレーニングプランを作成した。現役のインストラクターが講師になって、2回か3回の内容が明確に決まったワークショップを行い、有力な候補者を選別していくという流れで、現在もほぼ同じようなプログラムを採用している。

当初、ワークショップはすべてカールスバッドで開催していた。

しかし、このワークショップは場所にこだわる必要がないので、ビジネスが成長するにつれて全国に広がり、やがて外国でも開催されるようになった。

直感で行っていたことを決まったプロセスに落とし込むのは簡単なことではない。自分でビジネスを始めた人にとっては特にそうだろう。だが、効率が上がる、結果が予測できるようになるといった利点は、すぐに実感できるはずだ。

なかでもいちばん大切な利点は、ビジネスの成長がさらに加速することだろう。

ジャザサイズの成長を音楽の用語で表現すると、中くらいのテンポの「モデラート」から、活発なテンポの「ヴィヴァーチェ」まで一気にスピードアップしたようなものだ。その年の終わりには、「ファースト・テン」が「オリジナル・サーティ」まで成長し、そしてそのわずか2年後にインストラクターの数は100人まで増えた。

4年目には640人、そして5年目には1650人だ。仮に私がビジネスプランをつくっていたとしても、この数字を予想することはできなかっただろう。

成長の壁②　嵐のなかを進みつつ、静かで視界も良好な基地を提供する

製品開発とマーケットフィット（自社の製品が市場に適応しており、顧客に受け入れられている状態のこと）の段階をついに超え、さらに顧客がどんどん増えて急速に成長する段階に入ると、起業家は大きな興奮を経験する。

まったく新しいものを創造することに夢中になり、自分がどこに向かっているかも、自分が何をしているかもよくわからないが、それでも絶えず新しいことを発見し、成長している。

ハーバード・ビジネス・スクールによると、小さなビジネスが成長するときにもっともよく直面する問題は、オーナーのマネジメント能力と、「責任を他人にまかせる意志」だという。

私はハーバードでＭＢＡを取ったわけではなく、それどころかどこの大学のＭＢＡも持っていないが、それでも常識的な判断はできるので、会社の方向性を決める大きな意志決定は他人にまかせず、その他の経営上のカギとなるタスクは他人にまかせてきた。

私が考えるトップの役割とは、何をしなければならないかを特定し、優先順位を決め、それぞれのタスクをもっともうまくできる人にまかせ、そこから先は自分は手を引き、仕事をまかされた人が自力で解決できるように力を与えることだ。

たとえば私はかつて、地元で「ジュニア・ジャザサイズ」という子ども向けのクラスを何度か開催したことがある。子どもにも親にも大好評だったので、これはもっと規模を拡大し、正式なプログラムにできるはずだと確信した。

そしてファースト・テンのなかには、キャスリーン・アクリという、子どもに教えるのが得意なインストラクターがいる。

キャスリーンは私からジュニア・ジャザサイズの話を持ちかけられると、とても熱心にこの仕事に取り組んだ。レッスンと発表会から成るプログラムの枠組みを完成させ、それをジャザサイズの総会で発表し、全国と全世界のフランチャイジーに宣伝したところ、ジャザサイズの大人気教室に成長したのだ。

キャスリーンには、クローディアという元気な妹がいる。クローディアもキャスリーンと同じように大学生を対象としたプログラムをつくり、後に重要なロサンゼルスとパサデナの市場にも進出することに成功した。さらに、オレンジ郡という収益性の高い市場の獲得に成功したカレン・ヘイリーも、ファースト・テンの1人だ。

いずれのケースでも、私が優先順位を決め、正しい人を選ぶと、あとはそれぞれの優秀な女性が能力を発揮し、チャンスを大きな成功に変えてくれたのだ。

日々の業務の多くを他の人にまかせたおかげで、私はもっと大きな絵を描くことに集中できるようになった。

全体の方向性を見きわめ、会社の文化を創造・維持し、そして急速な成長の最中にあっても、核となる価値を守り抜けるようにする（会社の文化については第7章の「目的意識の高い文化を創造する」でも詳しく見ていこう）。

成長の壁③ 外部の人材を雇うか、内部から昇進させるか

急速な成長と変化は、時に困難を生む。

多くのビジネス専門家は、必要な人材を外部から雇うことをすすめている。しかし私はその逆で、すでに社内にいる人材を別の形で活用するほうがいいと昔から主張してきた。

ビジネスが成長すれば、経営者はいずれどちらかを選ばなければならなくなる。

創業から最初の数年間は、ビジネスの成否を決める大切な時期だ。

私たちもその時期にさまざまな問題に直面したが、そのたびにファースト・テンの誰かが手をあげて、通常の業務を超える働きをしてくれた。

次からはその実例をいくつか紹介しよう。

これらを読めば、会社を困らせるしつこい問題も、既存のメンバーのがんばりや創意工夫で乗り越えられるということが理解できるだろう。

問題と解決策① 急速に拡大するチームを管理する

公認インストラクターが38人まで増え、さらに数十人の候補が控えているような状態にあったとき、ファースト・テンの1人で、人気インストラクターのニッキ・ミラーが、ジャザサイズ初のインストラクター・ディレクターに立候補してくれた。

「基本的に、私の仕事はすべてのインストラクターを管理することなの」とニッキは説明する。「それぞれのインストラクターを個人的に知り、何らかのニーズがあればそれに応え、他の人がやってうまくいった方法を伝える」

ニッキは立候補したときの自分を思い出し、こう理由を説明する。

「組織が大きくなっていくのを見て、私も一緒に成長したいと思ったの」

彼女はたしかに成長した。その後、家族の引っ越しでニッキはジャザサイズを離れることになったが、同じインストラクターのジャン・キニーがニッキの後を引き継いでくれた。

それからの25年で、公認インストラクターの数は100人から5000人以上にまで増えた。

問題と解決策② ベストセラーを出版する

生徒の1人のドナ・Z・マイラフはプロのライターで、人気のハウツー本を書いていた。そして私に向かって、「あなたのメッセージはハウツー本にぴったりだと思う！」と言った。するど今度は、ファースト・テンの1人のカトリーナ・ウルフが手をあげ、本の詳細な企画を立ててくれた。全体の流れを決め、用語の解説をつくり、掲載する写真を選ぶ。カトリーナが忍耐強く細部まで気を配ってくれなかったら、ジャザサイズ初のベストセラーが誕生することはなかっただろう。

この本は、フランス語、スペイン語、オランダ語、ドイツ語にも翻訳された。

問題と解決策③ 広報とPRを活用する

1978年に『ジャザサイズ：楽しくフィットネス』が出版されると、すでに忙しかった私たちの小さなオフィスは、殺到する連絡や問い合わせで飽和状態になってしまった。新聞や雑誌から取材の依頼が入り、ジャザサイズの情報が欲しいという問い合わせもあれば、インタビューの要請もある。

このときは、ファースト・テンの1人で、いつでもエネルギッシュなメアリー・ナックルズ・マクガイバーが手をあげ、PRの才能を惜しみなく発揮してくれた。

その年の5月、夫ジャックの提案で、私はロサンゼルスにあるNBCテレビのスタジオを訪問し、ダイナ・ショアの人気テレビ番組のプロデューサーにジャザサイズの本を渡した。彼女の反応は悪くなかったが、明確な答えはもらえなかった。

「あなたには出てもらいたいと思うけれど、今のところはスケジュールの空きがないの。もし空きが出たら、その数日前には連絡します」とのことだ。

それからの10カ月、メアリーは定期的にそのプロデューサーに電話を入れ、手紙を送り、本を送り、私たちが取材を受けた記事などを送った。出演オファーを忘れないでいてもらうためだ。


そして1979年3月、ついに出演の日付が決まった。しかし残念ながらその同じ日に、私はフロリダでどうしても外せない約束があった。メアリーはさらに粘り強く連絡を入れ、そして1979年5月、私が初めてスタジオを訪問した1年後に、私は生まれて初めて全国放送のテレビに出ることになった。

セットに到着すると、私は控え室に案内され、メアリーはプロデューサーのオフィスに呼ばれた。

「あなたのボスが『ダイナ！』に出演した理由を知りたい？」とプロデューサーは言った。

「もちろん」とメアリーは答えた。

「それは、あなたほどしつこいPR担当は初めてだったからよ」とプロデューサーは言った。そしてオフィスの本棚から、メアリーが送った8冊の本のうちの7冊を取り出すと、メアリーに渡しながらこう言った。

「さあ、どうぞ。これで他の人もさんざん悩ませてあげてね」

私が出演した『ダイナ！』が放送されると、すぐに他の番組からもオファーが来た。多くの地域で放送されているジョン・デイヴィッドソンの番組と、フィル・ドナヒューの番組に出演し、さらに『PM・イブニング・マガジン』という番組では「ジュディのジャザサイズ」というコーナーもできた。

ビジネスが大きくなり、PRの天才が必要になったら、メアリー・ナックルズ・マクガイバーのことを思い出してもらいたい。あなたの会社にも、彼女のように粘り強く交渉し、全国放送のテレビへの出演を勝ち取るような逸材がいるかもしれない。

問題と解決策④ ダンス音楽の音源を手に入れる

ジャザサイズの忙しいインストラクターたちが頭を悩ませていた大きな問題は、私が振り付けに使用した音楽のレコードを手に入れることだ。

インストラクターたちは、誰かの車に相乗りしてサンディエゴかロサンゼルスのタワーレコードまで買いにいっていたが、全員の分のレコードが手に入らないこともよくあった。そういったことが何回か続いたあとで、ファースト・テンの1人のジュディ・リッターがある名案を思いついた。

「ジュディが使った新しい曲のリストをもらって、タワーレコードか、他の店でもいいけれど、とにかくレコード屋さんに電話をして、まとめて注文すれば楽だと思う。私が全部やるから、みんなはそれぞれレコード代と、手数料の5ドルを私に払う。それでどう？」

振り付けで使う音楽の著作権はマーガレット・スタントンが交渉し、その一方で、インストラクターが使用する音源は、レコードからカセットテープ、そしてCDへと進化しながら、ジュディ・リッターからすべてのインストラクターに届けられた。

そしてCDからデジタル音楽のダウンロードに進化すると、ジュディ・リッターはこの音源配布ビジネスから引退し、地元の政界に進出した。

現在、ジュディ・リッターは、カリフォルニア州ビスタ市の市長を務めて3期目になる。

「ジャザサイズのおかげで、人前で話すこと、ビジネスのマネジメント、契約交渉など、いろいろなスキルを身につけることができた。それは今でも役に立っている」

問題と解決策5 ニュースやアイデアなどを組織全体に伝える

ビジネスが急成長しているときに大切なのは、効果的なコミュニケーションのチャンネルを確立し、最新のニュースや、みんなに知らせたいチームの成功、あるいは学びになる失敗が、円滑にもれなく伝わるようにすることだ。

夫のジャックが会社のニューズレターを発行することを提案したが、彼にはそれを担当する時間がない。

そんなとき、才気煥発なメアリー・ジェームズ（彼女もファースト・テンの1人）がこの役を買って出てくれた。ニュースや資料の収集、記事の執筆、校正はもちろん、紙面のデザインや印刷までもが彼女の仕事だ。「知らせる価値のあるニュースのすべて！」を掲載したニューズレターは、そうやって完成した。

現在は他の会社と同じように、私たちも社員とのコミュニケーションはデジタルで行っている。しかし、その根底にある精神は昔と同じだ。

あなたもメアリー・ジェームズのような人材を見つけられることを、私は心から願っている。社内のニュースを、おもしろく、勉強になり、親しみやすい形で伝えるのはとても大切なことだ。

たしかに最近はデジタル技術の発達によって、さまざまな市場にそれぞれ違うメッセージを届けるのが簡単になった。

ジャザサイズも、インストラクターとは週に一度の電子ニューズレターとウェブサイトでつながり、生徒とはSNSと会社の公式サイトでつながり、そしてアパレルの顧客とはシーズンごとに新製品を知らせるメールでつながっている。

とはいえ、やはり生身の人間の心と声にまさるものはない。

それがあるからこそ、本物で意義深いコミュニケーションが可能になるのだ。

成長の壁④ チームスピリットを維持しながら規模を拡大する

起業したばかりのスタートアップには独特の親密さがある。あなたが掲げるミッションに、誰よりも早く賛同したチームが持つ一体感だ。

問題があればオープンに話し合い、小さな勝利も大きな勝利もみんなで祝う。メンバー同士の個人的な関係も自然に築かれ、維持される。

しかし、ビジネスが成長し、業務の幅が広がり、地理的にも拡大すると、そういった気安い関係が失われてしまうことが多い。システムが確立し、社員同士のやり取りは形式的になっていく。

ビジネスを成長させながら、同時に成長の原動力となったチームスピリットを維持する方法はあるのだろうか？

ジャザサイズでは、創業当初から55周年を迎えた現在にいたるまで、四半期に一度の全社ミーティングを行っている。参加者は、受付係から経営陣まで、ジャザサイズのチーム全員だ。会場に来られない場合は、衛星回線やインターネットで参加する。

まず、会議の前にすべての部署にメールを送り、話し合いたい議題や、共有したいニュースやアップデート、問題などを知らせてもらう。

新しいメンバーを紹介し、大きな目標達成があれば報告する。戦略的な優先順位を確認し、進行中のプロジェクトの現状を報告し、成功を祝い、未来の計画を話し合う。

この集まりの目的は、共通の目標を確認すること、個人間・部署間のつながりを強化すること、そして完全な透明性を維持することだ。組織のトップであるあなたがこれを優先課題にすると決めれば、そんなに難しいことではない。

それに加えて、私の経験からいうと、組織の一体感を高めるいちばんの方法は、大きな達成があったときに全社をあげてお祝いをすることだ。

たとえばジャザサイズは、私以外のインストラクターを認定するという決断から5年後の1982年の終わりに、1つの大きな節目に到達した。

最初の10人の公認インストラクターであるファースト・テンは、みな南カリフォルニアで教室を開催していた。それが5年後には1650人にまで大幅に増加し、生徒の数は30万人を超え、教室の場所も全米46州と12の外国にまで広がっていた。

その間、税制上と会計上の問題に直面しても、インストラクターたちとの関係を独立業務請負人との契約からフランチャイズ契約に切り替えることで乗り切った。

しかも、それを理由に私たちから離れていったインストラクターは1人もいなかった。

さらにジャザサイズは、全米で2番目に大きく成長したフランチャイズにもなった。私たちの上にはドミノ・ピザしかいない。


それだけでなく、最初の書籍『ジャザサイズ：楽しくフィットネス』は世界的なベストセラーになり、世界初のエクササイズ音楽アルバムの『ジャザサイズ』はゴールドディスクを獲得した（後にプラチナディスクも獲得している）。さらにつけ加えるなら、当時の私は、長く待ち望んだ2人目の子どもを妊娠していた。

つまり、当時の私たちは祝祭ムードにあふれていた。

カリフォルニア州カールスバッドで、初めてのジャザサイズ国際インストラクター・コンベンションを開催する機は熟したということだ。

コンベンションには全インストラクターの4分の3が参加した。会期は週末の3日間で、専門家によるワークショップ、料理、エンターテインメントなど、内容も盛りだくさんだ。日曜日には、地元の生徒3000人を招待し、地元の大学のフットボールフィールドを借り切って全員でジャザサイズを踊った。

集まった人たちにとって大きなサプライズだったのは、ジャザサイズで定番曲の「ワーキング・マイ・ウェイ・バック・トゥ・ユー」「キューピッド」「ラバー・バンド・マン」などで踊るときに、これらの曲を歌っているスピナーズのオリジナルメンバーが私と一緒にステージに立ったことだ。

そしてグランドフィナーレでは、私が先導するグループが「アイ・オブ・タイガー」を踊り、その横で一流ボディビルダーのチャールズ・ブラッドショーが自慢の筋肉を披露しただけでなく、体重90キロで、アジアという名の生きたトラが、ステージで踊る私の後ろを歩いていたのだ。これもまた、観客にとってはびっくりする演出だった。

最後に数千個の色とりどりの風船を空に飛ばし、小さな飛行機で空に「JAZZERCISE」という文字を書くと、集まった全員から大きな歓声が上がった。

あれは真の意味で、メンバーの頭脳とハートが結集した瞬間だった。

強烈なシナジー効果が発揮され、チームスピリットのこの上ない発揚につながったのだ。この大成功を受けて、その後は10年ごとに大きな節目を祝う集まりを開催することにしている。

生きたトラや、飛行機で空に文字を書くのは、自分のビジネスには合わないという人もいるだろう。それでもどんな形であれ、チームとしての成功を祝うイベントを開催し、関係者の全員を招待するのは大切なことだと私は信じている。

そこから意図していなかったようなポジティブな結果がいろいろと生まれ、次の目標を達成する追い風になるはずだ。

口コミで広がり……、そして世界へ

ジャザサイズは最初の10年で驚異的に成長した。

私はよく、その成功の秘訣について質問を受ける。

ひと言で答えるなら、「磁気モーメント」がいちばんしっくりくるだろう。

磁気モーメントは科学の用語で、磁石が内部で磁場を生成すると同時に、外部の磁場を引き寄せたり、外部の磁場から引き寄せられたりする現象のことだ。

ジャザサイズでは、私たちのプログラムに込められた情熱と目的意識が、外部に存在する優秀な女性たちの才能、能力、野心を引き寄せた。

そして私が果たした役割は、彼女たちにチャンスとトレーニングを提供したこと、そしておそらくもっとも重要なのは、彼女たち自身の情熱と目的意識を生かして、さらに多くの女性たちを引き寄せる環境を整えたことだろう。

ジャザサイズに関わった人たちは、たいてい想像以上に大きな成功を経験している。

「怖がらないで。考えすぎないで」と、私は彼女たちに言った。

「自分の直感の声を聞き、自分の心に従う。そうすれば道は拓けるでしょう」

そして彼女たちは、私の期待通りに道を切り拓き、それは今でも変わらず続いている。

近ごろでは、誰もが自分のビジネスが「バズる」ことを願っている。

ジャザサイズの場合、全米のすべての州と世界25カ国に拡大するという驚異的な成長が実現したのは、1つの核となる戦略、あるいは1つのマーケティングプランが大成功したからではない。むしろその正反対だ。

ジャザサイズは、個人のオーナーが経営する小さなビジネスの集合体であり、オーナーには大きな裁量権が与えられている。つまり、それぞれが自分で戦略を立てたり、マーケティングを展開したりしているということだ。

もちろん、フランチャイジーは同じようなブランディングを行い、どこも同じジャザサイズの製品（つねに最新のヒット曲を取り入れた新しい振り付けのエクササイズ）を生徒に提供している。さらに、集中的なインストラクター・トレーニングや、本社からのサポートも受けている。

しかし、それを超えたところでは、各自が自由にビジネスを展開することができる。みな驚くべき創造性と粘り強さを発揮して、それぞれの成功を達成してきた。

次からは、3人のジャザサイズ・インストラクターのケーススタディを紹介しよう。それらを読めば、それぞれまったく違う戦略で大きな成功を収めたことがわかるはずだ。

ケーススタディ01

地元のセレブリティの影響力を活用する
――オハイオ州

ジェリ・サイプは小柄で金髪のチアリーダーで、サンディエゴ州立大学のフットボール部でクオーターバックを務めるブライアン・サイプと結婚した。

ブライアンは大学4年生のときに、クオーターバックとして全米ナンバーワンの成績をあげている。ブライアンがプロフットボールのクリーブランド・ブラウンズにドラフトされると、ジェリとブライアン夫妻は、シーズン中はチームの本拠地があるオハイオ州で暮らし、そしてオフシーズンは地元の北サンディエゴで暮らしていた。

1978年の夏の終わり、ジャザサイズのオリジナル・サーティの1人になっていたジェリから、私はこんな相談を受けた。

「そろそろクリーブランドに移ることになるんだけど、向こうでもジャザサイズの教室をやるべきだと思う？」

「もちろんやるべきよ」と私は答えた。南カリフォルニア以外の地域でジャザサイズがどう受け入れられるのか、私はとても興味があった。

オハイオ州メダイナは人口1万5307人の小さなベッドタウンだ。ブライアンのチームメイトであるブラウンズの選手や、他のプロスポーツ選手の多くがここで暮らしている。ジェリは教室の場所を確保し、地元のコミュニティセンターにチラシを置かせてもらうと、9月にメダイナで初めてのジャザサイズ教室を開催した。

集まった生徒は13人の女性だった。そして12月になると、生徒の数は300人まで増え（そのなかにはプロスポーツ選手の妻も何人かいた）、クラスも11コマに増えていた。ジェリはそれに加え、インストラクターのトレーニングも行い、ベティ・サンフォード、マルタ・シャーク、フラン・オーカーという3人の才能ある地元インストラクターも誕生させている。フランには、ウェストバージニア州に暮らす双子の姉妹がいて、その姉妹もインストラクターになることを希望した。

間もなくして、ジェリ、ベティ、マルタ、フランの4人は、クリーブランド近郊の都市（ハドソン、ブランズウィック、ワズワース、ロディ）、トレド、アクロンに暮らす38人と、ウェストバージニア州に暮らすフランの姉妹のジーン、さらに隣のミシガン州から車で通う数人を対象に、インストラクターになるトレーニングを行うようになった。

その同じころ、ジェリの夫で、クオーターバックのブライアンは、クリーブランド・ブラウンズのチームメイトとともに、地元ファンの心臓が止まりそうになる試合を何度も披露していた。そのためついたあだ名が「カーディアック・キッズ」だ（「カーディアック」

は「心臓」という意味）。

1980年、記録を打ち立てる活躍をしたブライアンがリーグのMVPを受賞すると、ジェリとブライアン夫妻は、自分たちの影響力を「何かいいことのために使おう」と決意した。ブライアンとブラウンズのチームメイト、それにジャザサイズに通う選手の妻たちが参加して、州内をめぐる大きなチャリティイベントを16回にわたって開催したところ、オハイオ州メンタルヘルス協会のために6万2000ドルの寄付を集めただけでなく、オハイオ州内でジャザサイズの名前を広めることにも成功した。

1984年とその翌年、ブライアンとブラウンズのチームメイト、ジェリと他の妻たちが再び結集し、今度は「ジャザサイズ・ウィズ・ザ・スターズ」というイベントを開催した。2年連続で開催されたこのイベントの目的は、若きブラウンズファンのロビン・シェイファーと、障害者支援の非営利団体である脳性麻痺連盟（UCP）のために寄付を集めることだ。

2回のイベントで、UCPのために総額9万ドルの寄付が集まった。このお金は、オハイオ州のジャザサイズ教室を含め、関係するすべての人の役に立った。

他の州で教える多くのフランチャイジーたちもジェリの成功に触発され、現在にいたるまで同じようなチャリティイベントの開催を続けている（第10章の「社会に貢献することの喜び」も参照）。

ケーススタディ02

自治体のサポート確保と州全体での報道
——ニューメキシコ州

1978年、オーシャンサイドのエルカミノ高校で女子体育の教師をしていたディーディー・コバセビッチが、マーガレットと私にある相談を持ちかけた。

高校のカリキュラムにジャザサイズを取り入れたいというのだ。

そして翌1979年の春、ジャザサイズが学校でいちばん人気の授業になると、ディーディーは再び私たちのところにやって来ると、こう言った。

「夫と私はニューメキシコ州のサンタフェに引っ越すことにしたの。もちろん向こうでもジャザサイズは続けるつもり。話は変わるけれど、高校の同僚が元フットボール選手で、ジェリー・アポダカとチームメイトだったの。アポダカはニューメキシコ州の州知事で、しかも大統領フィジカル・フィットネス・アンド・スポーツ審議会のメンバーでもある。それで考えたんだけど、この人脈を使って、ジュディとジャザサイズを審議会に知ってもらうことをこの1年の目標にするつもり」

6週間後、何度か挑戦しては失敗したあとで、ディーディーはついにアポダカ州知事に紹介してもらい、首都で会う約束を取りつけることに成功した。

そのころ、アポダカは州知事として2期目の任期が終わりに近づき、大統領フィジカル・フィットネス・アンド・スポーツ審議会では新しい議長に就任しようとしていた。

「彼はジャザサイズの話を聞き、ジャザサイズについて書かれた記事を読むと、私たちをワシントンDCに呼び、審議会のミーティングでパフォーマンスを披露する機会を与えてくれた」とディーディーは説明する。

「ジュディには1年以内にあなたをワシントンに呼ぶって話していたんだけど、実際は1カ月半しかかからなかった!」

1979年9月、ジャザサイズのベテランメンバーのグループ(カリフォニア州のキャスリーン・アクリ、ニッキ・ミラー、シンディ・ラクストン、バージニア州のインストラクターのシェル・ティアニー、11歳になった私の娘のシャナ、そして私)は、大統領審議会の会議の場でパフォーマンスを披露し、観客から拍手喝采を受けた。

『ワシントン・ポスト』紙とテレビのNBCニュースでも大きく報道された。

「ジャザサイズが始まると会議は一気に活気づいた」とアポダカ議長は語っていた。

ディーディーがニューメキシコ州のロスアラモスで開いた教室は、最初は生徒が40人で、クラスは2コマだった。しかしすぐにサンタフェにも進出し、複数のクラスを開催するようになった。

ディーディーの生徒の1人にアン・ヒラーマンという女性がいた。アンは、ニューメキシコ在住の人気ミステリー作家、トニイ・ヒラーマンの娘で、彼女自身もライターとして地元紙の『サンタフェ・ニューメキシカン』で執筆している。これは西部でもっとも古い新聞だ。

アンはディーディーとジャザサイズのことを記事にした。記事には、ジャザサイズを絶賛する言葉や、大きな写真、それにディーディーの自宅の電話番号も含まれていた。

それとちょうど同じころ、ディーディーからトレーニングを受け、インストラクターになったばかりのジャネス・ブレイクが、ニューメキシコ州最大の地元紙である『アルバカーキ・ジャーナル』に連絡した。そして1週間後、紙面にジャザサイズの記事が掲載され、ここでもまたディーディーの自宅の電話番号が書かれていた。

「名前も聞いたことがないような場所からひっきりなしに電話がかかってきた。ポホアキとか、コラレスとか、エスパノーラとか、ホワイトロックとか、そういうところ」とディーディーは言う。

「決まったひな形は用意していなかったけれど、臨機応変に対応していったの」

それから数カ月後、アルバカーキ市長が、1980年2月10日を「ジャザサイズの日」に定めると宣言した。私もお祝いに参加するために現地に向かうと、15人のニューメキシこのインストラクターが空港の通路に集まり、「ウィー・アー・ファミリー」というパフォーマンスで私を出迎えてくれた。

ロスアラモスでは400人の生徒に会い、サンタフェでは800人の生徒に会った。

さらにアルバカーキ・コンベンションセンターでは、1650人のジャザサイズの生徒が集まって盛大な祝賀会が行われた。

それらのイベントの合間を縫って、ラジオ、テレビ、新聞の取材を受け、さらに地元のレクリエーションと教育ディレクターとの昼食会と、ニューメキシコ州知事フィットネス・アンド・スポーツ審議会での授賞式にも参加した。

「それに、あの美しいジャザサイズの熱気球も忘れないでね」とディーディー。

「アルバカーキ・バルーンフェスティバルでいちばんのハイライトだった」

ディーディーはバラバラのピースをつなぎ合わせるのが本当にうまい。

彼女はその能力を遺憾なく発揮し、1985年には、ネバダ州、カリフォルニア州、オレゴン州、ワシントン州、アラスカ州、ハワイ州を含む西部一帯を統括する地区ディレクターに就任した。

ケーススタディ03

草の根活動とゲリラマーケティング
――ウィスコンシン州

ペギー・ライネンクーゲルの夫のジェイクは、アメリカ海兵隊の軍曹で、一時的にオーシャンサイドのキャンプ・ペンドルトンに派遣されていた。

ペギーが初めてジャザサイズのクラスに参加した日はちょうどテレビの取材があり、何人かの新しいインストラクターとともにペギーも撮影された。

「そのときあることを思いついたの」とペギーは言う。

「私もインストラクターになれるかもって。でも残念ながら、インストラクターになるためのワークショップは75ドルもする。うちにはとても払えない金額だった」

その週末、ペギーは夫婦で小銭を貯めていた大きな瓶を空にして、中の小銭を数えたところ、偶然にもほぼ75ドルだった。

「これは何かのサインだと思った」とペギー。

1979年1月、ペギーは公認インストラクターの資格を取得した。それからほどなくして、ジェイクが士官候補生学校の生徒に選ばれた。学校は東海岸にある。

そこで2人は、ジェイクが学校に通う間、ペギーと2人の子どもはウィスコンシン州の自宅に戻ることに決めた。自宅のあるチペワフォールズは、人口1万2270人の小さな街だ。

「そこでジャザサイズの教室を開くつもりだとジェイクに話すと、ジェイクは笑っていた。『チペワフォールズで？　それはかなり難しいと思うよ』ってね」

ジェイクの言葉でがぜんやる気になったペギーは、チペワフォールズ市の公園レクリエーション課トップのビル・フェハーティを訪ねた。

「市が提供しているエクササイズプログラムを調べてみたのですが、すべて男性が対象のようですね。女性向けのクラスもつくってみてはどうでしょう？」と彼女は言った。

フェハーティがこの提案に同意すると、ペギーは早速、自分のクラスを宣伝するチラシを200枚作成した。

「ここでの問題は、女性たちにクラスの存在を知ってもらうことだった。どうすればいいだろう？　笑われるかもしれないけれど、私はこう考えた。

『女性たちが自分の身体にいちばんうんざりする場所はどこだろう？』。そして私が出した結論は……トイレと試着室だった」

ペギーは女性用の衣類を売っている地元の店をすべて訪ね、試着室にチラシを置く許可をもらった。それから地元で人気のあるレストランのヴァンズ・サパー・クラブに車で向かうと、オーナーのヴァン・フェルブレケンに、女性用トイレにチラシを置かせてもらえないかと交渉した。

「ミスター・フェルブレケンは快諾してくれた。きっと店に来る女性たちも喜んでくれるだろうと言っていた」とペギーは当時を回想する。

「チラシがいちばん目立つ置き場所の提案までしてくれた」

クラスの初日が近づくと、ペギーはだんだんと不安になってきた。もしかしたらジェイクが正しいのかもしれない。誰も来なかったらどうしよう？

初日の夜、80人の女性がクラスに参加した。そして数カ月のうちに、ペギーのクラスの生徒数は、チペワフォールズの教室で300人、近郊にある大きな街オークレアの教室で400人にまで増えた。

さらに、ウィスコンシン州の他の都市（ミルウォーキー、グリーンベイ、マディソン、スティーブンスポイント）や、ミネソタ州のミネアポリスからも問い合わせがあった。

それから数年のうちに、ペギーはアメリカ中部の各州（ウィスコンシン州、イリノイ州、アイオワ州、ミネソタ州、ノースダコタ州、サウスダコタ州、カンザス州、ネブラスカ州、ミシガン州）と、カナダ西部を合わせた地区を統括する地区ディレクターになった。

ところで、ジェイクはペギーの成功にどう反応したのだろう？

「びっくりしたよ！」とジェイクは言う。「ウィスコンシン州の北西部に女性たちが続々と集まってくるんだ。もう二度と妻の能力を疑うことはないだろうね」

ケーススタディ04

創造性、イノベーション、成功を後押しした多くの事例

オハイオ州のジェリ・サイプ、ニューメキシコ州のディーディー・コバセビッチ、ウィスコンシン州のペギー・ライネンクーゲルのような成功した女性たちの存在が、他の多くのジャザサイズ起業家たちの刺激になった。

その他にもケーススタディを紹介するとしたら、テキサス州のバーバラ・モリス、キャシー・マッケンジー、プリシラ・ダンケル、フロリダ州のバーバラ・ストラウスボー、バリー・ラコフ、シェリル・ウィギンズなど、すぐに思いつく女性たちがたくさんいる。

彼女たちの活躍で、ジャザサイズは全米50州のすべてに拡大することができた。ジャザサイズのインストラクターには軍関係者の家族も多い。軍から転勤の辞令が出ると、彼女たちは新しい任地でジャザサイズを広めていった。

たとえば、日本の沖縄、トルコのアンカラ、イタリアのローマ、スイスのジュネーヴ、オーストラリアのシドニー、グアム、フィジー、ブラジルのクリチバなどだ。

ダンスは世界の共通語だ。だから私の振り付けも、簡単に各国の言葉に翻訳できる。

それでも、それぞれの国や地域には特有の文化があり、ジャザサイズを受け入れてもらうには、創造性を発揮して解決しなければならない問題がたくさんある。そしてもちろん、がむしゃらに働くことも必要だ。

ジャザサイズの女性たちは、いつもこちらが驚くような活躍をしてくれる。彼女たちは、粘り強く、創意工夫の才があり、適応力が高い。

規模がグローバルでも国内でも、急速に成長する事業のCEOであるなら、どうしても信頼に関する決断から逃れることはできない。

センターにいるあなたがどれくらいのコントロール権を持ち、そして現場にいる人たちにどれくらいのコントロール権を移譲するのか？

グローバル展開する事業を55年にわたって経営してきたなかで、私はつねに人を信頼するほうを選んできた。

人材を賢く選び、彼女たちが自分と同じ情熱と目的意識を持っていることを確認する。彼女たちを正しく指導し、彼女たちを励まし、彼女たちに力を与え、彼女たちを信頼し、彼女たちなりのやり方で共通の目標を目指すことを認める。

ごく少数の例外はあったものの、ジャザサイズも私も、この方針でつねに成功を収めてきた。

第5章の CLEF NOTES《クレフ・ノート》

♪計画を立てるのが好きな人は、ぜひ3〜5年のビジネスプランを立ててもらいたい。あなたの成功を祈っている。私と同じように「計画を立てる前に行動する」タイプの人も、それでまったく問題ない。ウォルト・ディズニー、スティーブ・ジョブズ、マーク・ザッカーバーグをはじめ、多くの起業家がノープランの状態でビジネスを始め、10億ドル規模の大企業に育て上げたことを考えれば、あなたには心強い仲間がたくさんいる

♪今すぐに始めたくてウズウズしているかもしれないが、スタートアップで大切なのは場所とタイミングだ。核となる顧客をとりまく時代の空気や、役に立つテクノロジーの有無などが、あなたのビジネスの成否を決める要素になる。条件が整った状態で起業するほうが、そうでないよりもずっと有利だ

♪どんな起業家でも、まず目指すのは、自分が提供する製品やサービスが市場のニーズと合致していることだ。私の場合、ジャザサイズのフォーマットを完成させるまでに8年間かかったが、もちろん誰もが8年間が必要だというわけではない。とはいえ、ジャザサイズがあそこまで急速、かつ効

果的に規模を拡大できた大きな理由の1つは、私が時間をかけて丁寧に問題を1つずつ潰し、やるべきことをきちんとやって、市場に持続可能な需要があると事前に確認したことだ

♪ビジネスの規模が大きくなると、あなたも、そしてあなたの組織にいるすべての人も、それまでの快適空間から外に出ることを強《し》いられる。もしあなたが「ノープラン派」のCEOなら、ある時点で、標準化されたプロセスや、長期の思考と計画など、規模の拡大につきものの組織の変化に対して責任があることを自覚しなければならない

♪規模拡大の段階にあるスタートアップのCEOは、嵐の最中にあっても冷静さを失わないことが大切だ。たとえば、日常的な意思決定を信頼できる人にまかせ、長期にわたって影響が出る、より大きな問題に集中できるようにしておかなければならない

♪あなたのビジネスが成長段階のまっただ中にある、あるいは幸運にもバズって成長モードに入った状態なら、のどかで気楽だった昔の日々が懐かしくなることもあるかもしれない。変化にストレスはつきものだ。ここで注意を怠ると、規模の拡大によって確立せざるをえなくなったシステムのせいで、初期のチームスピリットが失われてしまうかもしれない。部署や勤務地の違いを超えて、人々のつながりを大切にしよう。私がいちばん心がけているのは、完全な透明性と、ミーティングやイベントに多くの人を招くことだ

♪手に入るかぎり最高の人材を選び、彼女たちを正しく訓練したら、あなたのミッションを支えてもらうために、彼女たちを励まし、彼女たちに力を与える。そしていちばん大切なのは、彼女たちを信頼し、彼女たちの創造性、野心、専門スキルが、お互いの成功に貢献してくれると信じることだ

第6章

反逆者であれ

自分だけのビートに合わせて行進する。
人と違うことが、大きな違いにつながるかもしれない。

私のことを頭がおかしいと思ってもらってかまわない（そう思うのはあなたが最初ではないだろう）。でも私は、ビジネスでイノベーションや変化を起こす最短にして最速、そしてもっとも成功する道は、ライバルの動向を気にしないことだと信じている。

大切なのは、ただひたすら情熱的に、自分の顧客のニーズに応えることだ。

ジャザサイズでも、数え切れないほどのライバルが現れては消えていった。そして55年の時を経て、私たちはまだここにいる。世界最大のダンス・フィットネス・フランチャイズであり、業界トップの顧客維持率を誇っている。累積の売上高は20億ドル以上だ。

なぜ私たちはここまで成功できたのか?

それは、生徒の声を聞き、生徒のニーズに応えるために、つねに新しいことに挑戦してきたからだ。

ここで注意してもらいたいのは、「ニーズ」と「欲しいもの」は違うということ。スティーブ・ジョブズの有名な言葉にもあるように、「アップルがiPodを発明し、これは必要なものだと人々を納得させるまで、iPodを欲しがる人などまったくいなかった」ということだ。

そして、たしかにイノベーションを起こすのは簡単ではなく、真似をするよりもずっと難しいが、真似よりもはるかに楽しいことは間違いない。

私たちはどうやってイノベーションを起こしたのか?

それは、古い考え方を破壊し、既存のヒエラルキーに反旗を翻し、「誰もが楽しめるアクティビティ」というフィットネスの新しい定義を確立したからだ。

もちろん、最初からそれを狙っていたわけではない！

それでも、今からふり返れば、それが私たちのたどり着いた場所——直感に従い、心のおもむくままに進んだら、この場所にたどり着いていた。

クラシック音楽の演奏家と、ジャズのミュージシャンとの違いを考えてみよう。

クラシック演奏家は、すでに存在する楽譜の通りに演奏する技術がきわめて高い。多くは数百年も前に書かれた楽譜だ。彼らは楽譜と違う音を出したりしない。彼らが目指すのは、同じ楽譜をどれだけうまく、正確に演奏するかということだ。

一方でジャズミュージシャンはまったく違う。初めはすでに存在するメロディを演奏するかもしれないが、どこかの時点で即興演奏に切り替える。独自の音やフレーズを足し、一緒に演奏している他のミュージシャンと息を合わせながら、それまで存在しなかったまったく新しい音楽を創造する。

私が思うに、ビジネスにもクラシック演奏家型とジャズミュージシャン型があるようだ。クラシック演奏家型の人は、すでに存在するシステムを踏襲し、そこで他の人よりもうまくやることを目指す。対してジャズミュージシャン型は、すでに存在するシステムに背を向け、それまでにない新しい何かを創造する。

どちらも正しいアプローチだが、私自身のビジネスは、自由なジャズミュージシャン型に入る。

反逆者は現状に反旗を翻す

私がジャザサイズを始めたばかりのころ、今あるようなフィットネス産業はまだ生まれたばかりだった。男性にとって、エクササイズとは、軍隊式のトレーニングか、筋トレとサプリメントを融合したジャック・ラレーン式のトレーニングのどちらかしかなかった。スポーツジムにはほぼ男性しかいない。

女性は筋肉をつけるとスタイルが悪くなると信じていたので、あえて身体を鍛えるようなことはしなかった。

当時、ほぼすべての女性が目指していたのは「スリムダウン」（当時人気があった、体重を減らすことの婉曲表現）であり、そのための手段はひたすら食事制限だ。

女性が心肺機能の強化、ストレス軽減、そして「スリムアップ」のために運動するという考え方はほとんど知られておらず、また推奨もされていなかった。

1969年の第1回のクラスで、生徒たちが鏡に背を向けたその瞬間から、ジャザサイズはつねに、「伝統的なダンススタジオやスポーツジムのあるべき姿」というものに反旗を翻してきた。

私たちが創造したのは、お互いに協力し合うコミュニティだ。そこでは体型に関係なくすべての人が歓迎され、ジャズダンスを踊ること、健康になることの喜びを発見し、そして楽しむことができる。

私たちは、「身体を鍛えるエクササイズは楽しくなれるし、また楽しくあるべきだ」という概念を最初に主張したフィットネス組織だ。

そして、それはまだ始まりにすぎなかった。私たちはそれからも、さまざまな「フィットネス業界初」を達成してきた。そのなかには、最初は「頭がおかしい」と言われたけれど、新しい道を切り拓き、今では業界のスタンダードになっているものもいくつかある。

大型のジムというシステムに背を向け、ブティックタイプの小さなジムを始めたのも私たちだ。近所にある小さなジムなら、誰でも気軽に通うことができ、他の生徒たちと仲間になることもできる。

フィットネスから「競争」の概念を排除したことで、お互いに支え合い、励まし合うコミュニティを形成することにも成功した。

また、長期の契約で高額の会費を徴収するのではなく、レッスンごとに課金というシステムを採用した。1回のレッスン料なら高額にはならないので、誰もが気軽に参加することができる。それに必要なときは、託児サービスも提供してきた。

現状に反旗を翻す起業家であるなら、次の大切な質問についてよく考える必要がある。

あなたのビジネスが属する業界には、どんな前例やしきたりがあるだろう？

「神聖にして侵すべからず」とされている業界の伝統のうち、顧客のニーズに応えるために排除しなければならないものは何だろう？

まったく新しいものを創造するために壊さなければならない慣習は何だろう？

反逆者は自分のエゴよりも大義を重んじる

あなたが誰であろうと、あなたの情熱が何であろうと、あなたの製品やサービスが何であろうと、あるいはあなたがつくろうとしているのがどんな会社であろうと、自分のエゴを超えたより大きな目的のために働くことを目指してもらいたい。

そして自分のベンチャーを、その大きな目的にふさわしい名前で呼んでもらいたい。

私たちという存在、そして私たちがしていることは「ジャザサイズ」だ。

「ジュディ・シェパード・ミセットの楽しくて健康になるジャズダンス」ではない。

フィットネス業界では、自分の名前、自分の顔、自分の肉体、自分のエゴで会社のブランディングを行う人が多い。そこには、セレブとしての自分の存在によって、製品やサービスの価値を担保するという期待があるのだろう。

しかしその半面、すぐに飽きられ、長期の成長が阻害されるという問題もある。ジャザサイズを象徴するのは1人のセレブではない。私たちはむしろ1つのムーブメントであり、生徒やインストラクターなど、多くの個人のためにチャンスを創造してきた。

ジャザサイズはフィットネス業界で初めて、インストラクターを育成して資格を与え、公認インストラクターとフランチャイズ契約を結ぶというシステムを採用した。

このシステムを通して、ジャザサイズのプログラムを全米や世界の各地に広めることに成功している。そしてジャザサイズの生徒も、私たちがビデオトレーニングという先端技術をまっ先に取り入れたおかげで、どこにいても最新のジャザサイズのプログラムを受講できるということに気がついた。

その過程で、ジャザサイズは業界で初めて、公認プログラムを通して指導とパフォーマンスの基準を確立し、その基準は現在も進化を続けている。

初期のインストラクターの1人に、ペギー・マーチバンクス・ブキャナンというとても優秀な女性がいた。彼女は生理学の修士号を生かし、安全なエクササイズや自覚的運動強度（本人が感じる運動の強度や疲労度のこと）という概念、それに栄養学の知識をジャザサイズのプログラムに取り入れてくれた。

もう1人の反逆者仲間のケイティ・ゴードン・パーカーは、私の知るかぎりもっとも才能に恵まれたセールスパーソンだ。彼女もまた、自分の専門知識、テクニック、そして売上を伸ばす独創的なアイデアで、ジャザサイズに貢献してくれた。

私たちのライバルを自称する存在のほとんどは、創業者の顔や肉体がセレブリティ雑誌の表紙を飾るだけで満足していたが、私たちは、ビジネス誌の『アントレプレナー』が選ぶ「もっとも成功したフランチャイズ500」のリストに入ったことを喜んでいた。

私たちがフランチャイズとして成功しているということは、より多くの女性が自分のビジネスを持ち、そしてその女性たちの指導によって、さらに多くの女性が美しいスタイルと健康を手に入れたということを意味する。

そして、それは今でも続いている。

真の反逆者は、反逆とはつねにグループの活動であり、集団としての成功を目指すということを理解している。だからあなたも、自分の会社は自分のために存在するわけではないということを理解しなければならない。

いちばん大切なのは、顧客であり、そして一緒に努力する仲間の反逆者たちだ。それをふまえて自分の会社のブランディングを行い、先頭に立って導いていこう。

反逆者は手に届く瞬間、共有できる瞬間を創造する

たいていの起業家が最初の段階で目指すのは、とにかく顧客に自社の存在を知ってもらうことだ。しかし、広告はお金がかかる。限られた予算でプロモーションを行うには、大胆な創造性が必要になる。

たとえば初期のナイキは、創業者のフィル・ナイト自らがトラックを運転し、軽量でスマートな日本製のランニングシューズを顧客のところまで売りにいっていた。

スティーブ・ウォズニアックは、初めての自作コンピューター「アップルI」を、シリコンバレーのホーム・ブリュー・コンピューター・クラブ（初期のコンピューター愛好家の集まり）で誇らしげに発表した。後にここでの人脈が助けとなり、パートナーのスティーブ・ジョブズは、地元のコンピューター販売店の「バイトショップ」との間に、最初に組み立てたマシン100台を売る契約を結ぶことができた。

初期のジャザサイズでも、プロモーションには創意工夫が必要だった。

たとえば私は、6人の生徒と一緒に、ホリデーシーズンの地元のショッピングモールで、ジャザサイズのルーティンのいくつかを披露したことがある。

音楽と私たちの踊りに惹かれて聴衆が集まると、夫のジャックと娘のシャナが人々の間を周ってジャザサイズのチラシを配った。その他にも、地元のお祭りや、ファーマーズマーケット、それに真夏のビーチの仮設舞台でデモンストレーションを行っている。

「豚の耳から絹の財布はつくれない」ということわざは、「素材が悪ければ美しいものや価値のあるものはつくれない」という意味だ。

ジャックと私は、このことわざをもじって、苦肉の策のプロモーション・イベントを「絹の財布プロダクション」と呼んでいた。

実際、ほとんどのイベントは、入会者の急増という十分なリターンがあった。

会社が大きくなると、プロモーション・イベントの規模も拡大していった。

1980年、プロフットボールのサンディエゴ・チャージャーズの試合で、ジャザサイズのチームが初めてハーフタイムショーに出演した。

すると、他の地域で教えるインストラクターたちも触発され、それぞれの地元のプロスポーツチームに連絡を取り、ハーフタイムショーやセブンス・イニング・ストレッチで無料のパフォーマンスを披露すると申し出た。

これらのプロスポーツでのショーが成功すると、私はさらに自信を深め、有名なブロードウェイの振付師のロン・フィールドにある話を持ちかけた。

「ジャザサイズのダンサーは、1984年のロサンゼルスオリンピックの開会式にぴったったりのパフォーマンスを提供できるのではないだろうか？」

全米50州に加え、ドイツ、日本、スウェーデン、イタリアから300人近くのインストラクターが集まり、あの歴史的な開会式でパフォーマンスを披露できたのは大きな喜びだった。開会式はテレビで中継され、全世界で25億人もの視聴者にジャザサイズの存在を知ってもらうことができたのだ。

あれ以来、ジャザサイズは数々の大きなイベントでパフォーマンスを披露してきた。たとえば、ニューヨーク港で行われた自由の女神の記念式典、マイアミでのオレンジボウル（大学フットボールの試合）、サンディエゴでのスーパーボウル（プロフットボールのリーグ優勝を決める試合）。さらに、国内外のパレード、フェア、フェスティバル、スポーツイベントにも数え切れないほど参加している。

もちろん、現代に生きる私たちには、顧客に存在を知ってもらう方法がもっとたくさんある。初期のジャザサイズのように、もしプロモーションの予算がごく限られているというのなら、カギを握るのは創造性と創意工夫だ。

SNSをうまく活用すれば、それほどお金をかけずに、今の顧客とつながり、さらに将来の顧客に存在を知ってもらうことができるだろう。

SNSでの存在感を高めようと努力している人たちに、私からのアドバイスがある。

それは、量よりも質を重んじるということだ。

見ている人にとって楽しくて勉強になるような内容を投稿するようにしよう。

反逆者は大きな夢を見て、その夢を実現するためにがむしゃらに努力する

反逆者の道は簡単には進めない。むしろその正反対だ。

大きな夢を実現するには、信じられないほどの粘り強さと努力が必要になる。

オリンピックの開会式は、世界でもっとも多くの人が見る舞台だ。そこでパフォーマンスを披露するなど、まさに人生最大の夢といっていいだろう。私たちジャザサイズにとって、もっとも困難な挑戦の1つだったが、それに見合ったリターンは十分にあった。

私の経験からいえば、どんなに大きな夢でも、小さく分解し、簡単に実行できるステップに落とし込むことは可能だ。

まず必要なのは、夢を鮮明に思い描くこと。どんな夢であれ、その夢の姿をできるかぎりはっきり見て、自分の精神に刻み込まなければならない。

まずあなたがそれを見て、聞いて、可能性を感じなければ、他の誰もできないだろう。

オリンピックでジャザサイズ？

でも、私たちはアスリートではない。競技者でもないし、それにそもそも、厳密にいえばプロのダンサーですらない。

そんな私たちがオリンピックの開会式に出るなど、夢に見ることさえおこがましいのに、あろうことか、トニー賞を受賞したブロードウェイの伝説的な振付師でもある開会式の総監督を相手に直接訴えたのだ。それでも、大きな夢をかなえたいなら、理にかなった次のステップは門番を突破することだ。

すんなりと受け入れてもらえないことは覚悟していたが、その通りになった。

なんとか会う約束を取りつけた私に向かって、偉大なるロン・フィールドは「ジャザサイズ？」と怪訝そうに言った。

「つまりきみたちは、プロのダンスチームなのかな？」

「いいえ、厳密には違います」と私は認めた。

「それでも、プロのダンサーであることは間違いありません。ガス・ジョルダーノのジャズダンス・テクニックを学んでいます」

「それで、最低でも250人のダンサーが一緒に踊るが、練習はそれぞれが全米各地の地元で行う」

「そうです」。私はごくりと唾を飲んだ。

「どうやって？」

「それは、まず私があなたの振り付けをマスターし、踊る姿を撮影します。次に、そのビデオテープを各地の参加者に送ります。参加者はビデオを見ながら自分で練習し、直前に全員がカリフォルニアに集まり、3週間のグループリハーサルを行います……」

「それに衣装合わせも、だね」と、彼は言った。

「その通りです」。衣装合わせのことを向こうから言ってきたのは、きっといいサインだ。

「そして、私たちは完璧に仕上げた状態で本番の舞台に立ちます。完璧に計画通りのパフォーマンスを披露します」


とはいえ、彼が書いた振り付けのメモを見たとき、私は「完璧に計画通り」という自分の言葉を後悔した。そして彼に連絡し「いくつかのステップを簡略化してもいいですか？」とお伺いを立てなければならなくなった。

「簡略化？　どうやって？」

「階段を上ったり降りたりするので、全員が配置につくまでもう少し同じ動きをくり返す必要があります」

「なるほど」と彼も同意してくれた。

「しかし、見た目は問題ないのだろうね？」

「はい。むしろさらによくなります」

私は内心祈りながら、そう請け合った。そこから先のステップも、簡単なものは1つもなかったが、どれも挑戦する価値はあった。

最低でも250人のダンサーが参加するという約束だったが、最終的に300人を集めることができた。数週間かけて個人練習とグループ練習を集中的に行い、そして開会式の当日、私たちはどんなプロのダンサーにも引けを取らないパフォーマンスを披露した。

実際、開会式を報道した国内外のメディアの多くが、「すばらしいジャザサイズの女性たち」に触れていたのだ。私たちはこの上なく誇らしい気持ちになった。

「ジャザサイズの仲間たちと集まり、家族にドレスリハーサルを見てもらい、10代の娘と一緒にオリンピックの開会式という舞台に立てたのは、私にとって人生のハイライトの1つだった」

こう言ったのは、ファースト・テンの1人のボビー・ジャニカスだ。

私も同じ気持ちよ、ボビー。

大きな夢を前にすると、思わず尻込みしてしまうかもしれない。

しかし、だからといって不可能だというわけではない。

あなたの大きな夢は何だろう？

大きな夢を実現可能な小さな夢に分解するには、まず夢の姿をはっきり見なければならない。そして、大きな夢をかなえるには努力が必要だ。

あなたは人々を説得し、その努力に参加してもらうことができるだろうか？

ただ前例がないという理由だけで、あなたの夢を疑い、あなたの夢を小さく改変しようとする人たちと、向き合う準備はできているだろうか？

もし、これらの質問に情熱を込めて「イエス」と答えられるなら、そのまま前に進んでいこう。あなたの成功を祈っている。

反逆者は自分を信じ、他者を信じる

最高を目指すなら、人と違うことをしなければならない。人と違うことをすると目立つことになり、目立つと人々の注目を集める。

時にはあまりありがたくない注目もあるだろう。実際、あなたが目立つ存在になるほど、まるで当然の権利であるかのようにあなたを批判し、見下し、打ちのめそうとする人が集まってくる。

ジャザサイズでは、1980年代を「初《はっ》の10年」と呼んでいる。その10年間で、フィットネス業界初とされることをいくつも達成したからだ。そして、かつての業界初の多くは、今では標準的なシステムとして定着している。

アメリカ第2の拡大スピードを誇るフランチャイズであるジャザサイズは、全米のいたるところに存在し、多くの人に知られるようになった。

驚いたことに、エクササイズは楽しくならなければならないという私たちのモットーが、時には嘲笑の的になることもあったのだ。ジャザサイズの批判者たちは、楽しい運動に効果があるわけがないと大はしゃぎだった。

それでもとにかく、私たちは生き残った。80年代は、ジャザサイズの思春期だと私は考えている。ジャザサイズの10周年から20周年にかけての期間だ。

自分が若かったころ（あるいは、母親や祖母が若かったころ）の思い出とジャザサイズを結びつけている人たちは、私たちが80年代を生き残っただけでなく、現在にいたるまで成長と拡大を続け、大きく成功していることを知ると、みな驚きを隠さない。

しかし、それでもかまわない。

私たちがつねに守ってきたのは、自分を信じ、自分のビジネスを信じることだ。

つねにフランチャイジーを大切にし、そして生徒には、最新のポピュラーミュージックに合わせた効果的で楽しいエクササイズと、最高のチームスピリットを届ける。

私たちは成長し、そして成熟した。それは誰にとっても必要なことだ。

フィットネス業界の最先端であり続けるために、時代に合わせて変化してきた。私たちのプログラムの核である「ダンスミックス」は、筋トレ、高強度インターバルトレーニング、キックボクシングのオプション、体幹トレーニング、そしてウエイト、ボール、レジスタンスバンドを使った筋力強化に特化したワークアウトで構成されている。

他にもさまざまなフォーマットや、何か1つの目的に特化したクラスがある。たとえば、軽度の有酸素運動を行う「LO」プログラムや、子ども向けの「ジュニア・ジャザサイズ」などだ。

私の娘で、現在はジャザサイズのCEOを務めるシャナはこう説明する。

「フィットネス業界は流行の入れ替わりがとても激しい。あるものが大流行したかと思うと、すぐに次の新しいものが現れる。私たちがこうやって長く続いているのは、ジャザサイズとともに築いてきた環境とコミュニティのおかげだ。ジャザサイズはどんな人でも歓迎するので、誰でも気軽に始めることができる。

私たちが目指しているのは、人々がありのままの自分に自信を持てるようになることだ。体型や年齢は関係ない。私たちにとって最大のライバルは、昔からずっと、人々がお尻から根を生やすカウチだった。他のフィットネスプログラムではない」

私のことは、頭のおかしい反逆者と思ってもらってかまわない。そう思うのはあなたが最初ではないのだから。なんなら私を笑いものにしてもいい。

それでも、顧客の声を聞くことの大切さだけは忘れないでもらいたい。

ライバルが何をしていようとも、ただ顧客の声を聞くだけで、革新的で革命的な結果につながることもあるからだ。

そしてもう1つ忘れないでほしいのは、型にはまらない――つまり目立つ――のは楽しいということ！　私たちが成功できたのは、革新的に考え、行動し、つねに他の誰とも違う存在であり続けたからだ。

第6章の CLEF NOTES《クレフ・ノート》

♪生まれながらの反逆者ではなくても、同じ業界の人が誰も通っていない道を選ぶことで反逆者になれる。まったく新しいビジネスは、まったく新しい思考から生まれる。人と違うことを恐れてはいけない。違うからこそ目立つ存在になり、そして目立つからこそ、特別で、唯一無二で、革新的な存在だと顧客に思ってもらうことができる

♪何事においても顧客を第一に考えること。顧客のニーズに応えること、顧客の問題を解決すること、顧客の人生をよりよくすること、より生きやすくすること、あるいは顧客の大義に貢献することに集中する。私たちはこの戦略で、数十年にわたってずっと成功してきた。アマゾン、コストコ、トレーダージョーズをはじめ、他の多くの企業も同じだ。顧客を最優先にすれば、顧客もそれに応えてくれる

♪予算が限られているなら、大きな夢を持ち、自分の製品やサービスを世に出す方法を創造的に考えなければならない。あなたを疑う人はたくさんいるだろう。彼らはあなたに向かって、もっと小さな夢にしろと言い、あるいは夢をあきらめろと言う。彼らの声は無視して、自分と同じ反逆者の仲

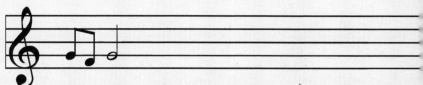

間を見つけよう。同じ志を持つ人たちと一緒に努力を重ねれば、大きな夢も実現できる

♪ビジネスが成功し、成長し、そして成熟していく過程で、変化はどうしても避けられない。たとえ、かつては異端扱いしてきた業界のトップに立っていても、あるいは数十年にわたって生き残っていても、当初の情熱と目的意識を信じる気持ちを失ってはいけない。初心を忘れず、つねに顧客の声に耳を傾ける。そして、顧客の人生をさらに豊かにする新しい方法を見つけよう

第7章

目的意識の高い文化を創造する

そもそも、あなたはなぜその仕事をしているのだろう？
この根源的な問いに対する答えが、それがお金のためであれ、
スタートアップ、あるいは大企業で働きたいからであれ、
顧客の人生をいい方向に変えたいからであれ、
あなたのビジネス、あなたの職場、
あなたの文化のすべてを規定する。

今から数年前、ベルギー人のフレデリック・ラルーによる『ティール組織　マネジメントの常識を覆す次世代型組織の出現』（英治出版）という本が出版された。

著者のラルーは、このマネジメントに関する「画期的な」本の中で、「組織は進化のスペクトラムに沿って前に進む。その向かう先は、セルフマネジメント、完全であること、そしてより深い目的意識だ」と書いている。

世界中の高名な学者、ビジネススクール、コンサルタントたちが、ラルーのこの本を「マネジメント思考の巨大な飛躍だ」と称賛した。

私の感想？　それは「ありがたいことに、ジャザサイズは40年も前からそれを実践していた」だ。

「私」よりも「私たち」

スタートアップを目指している人でも、あるいはすでに存在する組織でリーダーになろうとしている人でも、自分のマネジメントスタイルをふり返ってみることは役に立つ。

あなたのマネジメントスタイルは、あなたのエゴや野望、コントロールしたいという気持ち、他者を信頼する能力をどれくらい反映しているだろうか？

あるいはあなたの情熱、あなたの価値観、あなたの目的意識とビジョン、あなたと周りの人たちが働きたい場所、達成したいことを、どれくらい反映しているだろうか？

アフリカには、「速く行きたいなら、ひとりで行きなさい。遠くまで行きたいなら、一緒に行きなさい」ということわざがある。

正直に告白すると、私は「速く行く」と「遠くまで行く」の両方に挑戦した。

ジャザサイズの初期は、私がすべてを決める「ワンウーマンショー」だった。私がボスで、私が経理担当で、私がインストラクターで、私が掃除係だ。

そのころの私は、伝統的な「命令して支配する」マネジメントスタイルだった。エゴと野心を原動力にして、可能なかぎりたくさんのクラスを担当した。生来の完璧主義を発揮して、レッスンのすべてを自分で決めていた。

そのうえ他者を十分に信頼していなかったために、私と同じことができる人は他にいないと思い込み、もう少しで声を失うところだった。

そして8年にわたってひとりで走ってきた私は、声が出なくなったことをきっかけに、ついに自分以外の人を信頼し、インストラクターの仕事をまかせなければならなくなった。

その結果わかったのは、チームで働くことのすばらしさだ。

それは大きな喜びであるだけでなく、大きな成功ももたらしてくれる。共通の情熱と価値観に支えられ、ともに難しい挑戦に立ち向かうことができる。

その気づきがすべてを変えた。

1977年に「ファースト・テン」が誕生し、そして現在、ジャザサイズは8500のフランチャイジーと契約している。

その過程で私は、トップダウンの「命令して支配する」マネジメントスタイルを手放し、その代わりに「エンパワーとエンカレッジ（力を与えて勇気づける）」という方針を手に入れた。

ジャザサイズで働く人たちは、誰であっても、自分のやり方で成功を目指すことが推奨される。自分で自分を管理し、自分でアイデアを出し、自分でそのアイデアを実行し、間違いや失敗があったら自分で責任を取る。

成功も失敗もすべてオープンにして、みんなで共有する。

そうすれば、誰もがそこから学び、ともに大きく飛躍することができるからだ。

ひとりが起こしたイノベーションは、全体への貢献となる。私たちは、意味のある褒賞制度を通して、その価値観を全社に浸透させている。

ジャザサイズの情熱はダンスだが、もっと深い目的意識もある。それは、エクササイズとしてのダンスの喜びと楽しさ、効果の高さを、多くの人と共有するということだ。

私たちが提供するプログラムは、生徒に健康で幸せな人生を届けることができるだけでなく、実際に届けている。

私たちはさらに、その目的に向けて、「ケア」の文化を築いてきた。

自分へのケア、他者へのケア、コミュニティへのケア。「顧客に対して従業員やフランチャイジーにしてほしいと思うことを、従業員やフランチャイジーに対してもしなさい」

という会社の黄金律を決め、それを守っている。

なぜ私は、この「エンパワーとエンカレッジ」のアプローチがうまくいっていると断言できるのか。

第一に、ジャザサイズは55年も続いている。そして現在でも成長し、変化し、イノベーションを起こしている。ジャザサイズには、10年、20年、さらには40年もの長い年月をともにすごしてきた仲間がいる。

私は毎日、彼女たちの顔を見るのを楽しみにしている。彼女たちと豊かな歴史を共有できるのは大きな喜びだ。

それだけでなく、最近ジャザサイズに加わった人たちには、新しい時代のフレッシュな考え方で会社に貢献してもらっている。

私たちは毎年、卓越した成績を残したフランチャイジーを表彰している。個人としての成功はもちろん、他者の成功に対してどのような貢献をしたかということも、大切な評価の基準だ。

「エンパワーとエンカレッジ」の対象は、従業員やインストラクターだけではない。創業49周年を迎えた2018年、私たちは顧客を対象にアンケートを行った。

「ジャザサイズは〇〇だ」という文で、「〇〇」に入る1つの言葉を自由に書いてもらったところ、もっとも多かった答えは「エンパワー」だったのだ！

もちろん、自分のマネジメントスタイルを変えるには、考え方を変えるだけでは不十分だ。そして自分の価値観を反映する文化を築くには、真剣な努力が必要だ。一夜にして成功するような、簡単な道は存在しない。それでも、この章で紹介するような、ポジティブで意義深い行動を積み重ねていけば、いつか実現できるだろう。

態度を基準に雇い、トレーニングでスキルを与える

メアリー・ウォズワースは、テキサス州ヒューストンで、2つのジャザサイズ・プレミア・センターを所有・運営している。メアリーはジャザサイズのフランチャイジーを35年間続けていて、成績はつねにトップクラスだ。

数多くの有望なインストラクターを発掘し、訓練し、育ててきた実績がある。彼女の夫のケンや、娘のビクトリア、息子のマーティも、そうやってインストラクターになった。「自分の仕事に本当に誇りを持っているメンバーを確保することが、チームの成否を分けるカギになる」とメアリーは説明する。

「ジャザサイズのインストラクターになりたいという人がいたら、私はまずその理由を尋ねる。ダンスやワークアウトが好きだからという答えもたしかにすばらしいけれど、私が重視するのは、他者が成功するのを手助けしたいという気持ちだ。

他者が目指しているのは、もっと健康になることかもしれないし、痩せること、体力をつけることかもしれない。あるいは、ジャザサイズを通して人生の困難な時期を乗り越えたいという人もいるだろう。意義深く、目的がはっきりした仕事は、受け取る側だけでなく、与える側に対しても大きな価値をもたらしてくれる」

スタンフォード大学の研究によると、意義深く、目的がはっきりした仕事を与えられた人は、ウェルビーイングと長期の幸福感が向上するという。

目的意識にとって大切なのは、会社の具体的な仕事の内容よりも、むしろ態度やアプローチのほうだということだ。

態度やアプローチは、たいていの場合、顔を合わせての直接のコミュニケーションから醸成される。相手が同じ会社の人でも顧客でも、この原則があてはまる。

共通の目的に向かって進むチームをつくるシンプルな方法を1つあげるとしたら、それは人間関係を充実させることだ。

ジャザサイズのインストラクターたちも、チーム研修を行ったり、他のインストラクターのクラスに生徒として参加したり、同じようなフォーマットで行われている他のインストラクターのクラスを自分の生徒に紹介し、ためしに参加してみるように促したりしている。生徒のほうも、インストラクターたちの間に固い絆があることを嬉しく思っているようで、よくそのようなコメントが寄せられる。

意義深いつながりのあるチームをつくるもう1つのカギは、おそらく採用プロセスのなかに隠れている。

ジャザサイズはサービス業なので、従業員やフランチャイジーに求める資質は、他者をケアする態度、人好きのする温かい性格、共感力、そして創造性だ。

なぜそれらの資質を重視するかというと、私たちの生徒は、体型も、健康レベルも、ライフステージもさまざまだからだ。

ジャザサイズのインストラクターは、すべての生徒を温かく迎えなければならない。新しく入った人にクラスになじんでもらい、一人ひとりのニーズを把握して、目標を達成できるように手助けをする。

ジャザサイズのインストラクターは、1コマ55分間のクラスのなかで、こまかく振り付けられた動きの激しいルーティンをこなしながら、生徒たちの安全に目を配り、やる気を鼓舞することが求められる。

それには共感力、創造性、そして他者を心から気にかける態度がどうしても必要だ。

こういった資質は教えて身につくものではない。

しかし、こういった資質を持っている人を積極的に探して採用することならできる。

ちなみにジャザサイズでは、技術部門の採用でも同じ態度で臨んでいる。

たとえばPC関連サポートのスペシャリストでも、共感力が高く、内部の顧客（従業員とフランチャイジー）が抱える問題に向き合い、時には「箱の外で考える」ことが求められる解決策を提示し、それぞれの事例で十分な時間をかけて、問題が解決したことを相手に納得してもらわなければならない。

人を採用するときは、あなたのミッションを支え、ミッション達成の助けになるような態度と人柄を基準に決める。

それ以外のことは、すべて訓練で身につけることができる。

トレーニング、製品、プログラム、人事評価の基準を明確に決める

正しい人を採用したら、次に大切なのは、彼女たちが成功するために必要な知識、スキル、トレーニングを提供し、あなた独自のビジネスのやり方を身につけてもらうことだ。ジャザサイズが他の会社よりも優位にあるとしたら、その理由は、フランチャイジーのほとんどが、以前から忠実な顧客だったということだろう。

彼女たちは生徒として、すでにジャザサイズ精神の多くを吸収している。私たち全員が感じている情熱を共有している。フランチャイジーの多くは、自分の存在こそが「ジャザ

サイズは効果がある」ことの証明だと信じて、自分の体験を他の人たちとも共有したいと思っている。

インストラクターのトレーニングで難しい点があるとすれば、それは、楽しい、体力を使う、人前で踊れるという、この仕事のわかりやすい側面を超えた先にあるものを理解してもらうことだろう。

ジャザサイズのインストラクターには、あらゆる面で、明確に定められた基準が存在する。私たちがビジネスでもっとも重視するのは、パフォーマンス、コミュニティ、そしてフィットネス体験だ。

インストラクターとしてそれを実現するには、人気の最新ヒット曲に合わせたルーティンを完璧に身につけ、正しく生徒に教えること、生理学と人間の身体の動きに関する知識を身につけ、安全な指導を行うこと、応急処置とCPRの資格を取得すること、グループのリーダーシップに関する心理学の知識、そして人間関係を構築する能力が求められる。

さらに目標を決め、目標達成に向けて努力を続ける意志の強さ、インストラクターに求められるさまざまな仕事（新しいルーティンを覚える、クラス前の練習、クラスでのプロとしてのパフォーマンス、レッスン以外のマーケティングや広報、お金の管理、チーム内のコミュニケーションなど）を戦略的にさばく能力も必要だ。

これはたしかに大変な仕事であり、新人インストラクターの多くは圧倒されてしまう。

そこで私たちは、「エンカレッジとエンパワー」のためのチームをつくり、インストラクターの成功をサポートしてきた。

これはどんな会社のどんな役割でもカギとなる要素だ。

自分たちの強みを具体的に特定し、その強みを体現できる人を慎重に選ぶ。成功の姿を明確に定義し、それぞれの個人がその目標を達成できるようにグループで手助けする。

ケア、誇り、感謝の手本を示す

今からそう遠くない昔、2階のオフィスで夜遅くまで働き、仕事を終えて階段を降りて帰ろうとしたときのことだ。観葉植物の葉が何枚か落ちていたので、拾おうとして立ち止まったところ、新しく雇った清掃係を驚かせてしまった。

私が受け付けのデスクの後ろにあるゴミ箱に落ち葉を捨てると、清掃係の女性は「ありがとう」と言った。

「あなたはここの先生なの？」と彼女は尋ねた。「そうよ」と私は答えた。

そのとき彼女は、私の後ろの壁に貼られたジャザサイズの大きなポスターを見て、目の前の人間と似ていることに気づいたようだ。

「ちょっと待って。これ、あなたなの？」

そう、私はゴミも拾うし、バランスボールに空気も入れるし、ウエイトを置いた棚の整理もするし、その他、必要なことはたいてい何でもする。

私たち全員がそうだ。これまでもずっとそうだった。年に5回、新しい「振り付けコレクション」(新しいルーティンを収録したDVDなどが入ったパッケージ)を発送するときは、本部の人間が総出で作業する。地位や役職は関係ない。全員が協力して、8500個のパッケージを梱包し、住所のラベルを貼り、全世界のフランチャイジーに送る。それぞれ役割や責任は違うが、ジャザサイズの一員であるかぎり、誰か困っている人がいたら必ず手を差し伸べる(そして助け合いながら、楽しむことも忘れない)。

「チームには全員が含まれる」ということを身をもって示すことで、私たちは強くなり、俊敏になり、一体感が深まったと、私は信じている。

チームの大きさは関係ない。リーダーの役割は、自らが手本となって導くことだ。そのためには、カウンターの拭き掃除でも、ゴミ拾いでも、何でもやらなければならない。大切な価値を、自分の行動で示そう。周りの人たちがその価値とつながり、そしてあなたとつながるのを助けよう。

それを実践すれば、あなたの会社はさらに強くなり、長く続くと、私は絶対の確信を持って断言できる。

透明性を通じて信頼感を促進する

ジャザサイズでは、年に4回、全員が集まる四半期ミーティングを開催している。全員というのは文字通り全員であり、受付係や顧客サポートの人たちも参加できるように、その期間は電話応対のために臨時のパートを雇っている。本社やその近くで働いている人は実際に出席する。遠くの人たちはリモート参加だ。

私たちはこの機会を活用して、新しい従業員を歓迎し、記念日を祝い、大きな貢献のあった人に感謝を伝え、お互いに同じ時間をすごす。

人は与えたものを受け取ることになる。

ケアは双方向の道であり、自分の仕事と、その仕事をする理由、その仕事のやり方に誇りを持つこと、自分の情熱と目的意識を共有してくれた人たちへの感謝の気持ち、お互いに支え合っているという信頼感も、同じく双方向だ。

そして何よりも、つねに例外なく、完全な透明性を保つことを忘れてはいけない。私たちは、たとえ最優先の計画やプロジェクトでもオープンに話し合うようにしている。

ジャザサイズでは、「オープンであること」はただの目標ではない。

それは私たちの行動原理でもある。だからジャザサイズの本社にはドアがほとんどない。現場からの建設的なフィードバックを遮る壁は一切存在しない。

大きなプログラムや変更を導入するときは、何を、なぜ、どのくらいのスピードを行うかを明確に伝えるようにしている。人々からいい反応を引き出すには、こちらの意図を理解してもらうことが必要だ。

双方にとって利益になることがわかれば、彼女たちも喜んで協力するだろう。

「すべてにおいてオープンである」というジャザサイズのポリシーがよくわかる例を1つ紹介しよう。

2014年、私たちは慎重に調査を重ねたうえで財務ディレクターを解雇した。

解雇の理由は、彼女が長年にわたって大金を横領していたことだ。会社のお金だけでなく、ジャックと私の個人口座も被害に遭っていた。

彼女は2017年の初めに逮捕されるのだが、逮捕と報道によって事件が公になる前に、すべてのフランチャイジーに事情を説明する必要があると私は判断した。

事件のことも、今後の行動計画のことも、すべて包み隠さず話す。私が自分の言葉で、フランチャイジーを安心させる必要もあった。

たしかに残念な出来事だが、これによってフランチャイジーや、計画されているプログラム、会社全体の経営が影響を受けることは一切ないと、私から伝えなければならない。

事件がついにニュースになったとき、インストラクターたちはすでに対策をすませていた。事件について顧客に話し、たとえニュースでどぎつく報道されても、ジャザサイズに問題はないと安心させていた。

実際の報道は、ただ事実を淡々と伝えるだけだった。たいていは地方ニュースで、大きなスキャンダルにはならなかった。どちらに転んでもおかしくなかったが、ジャザサイズは一丸となって、必要な準備はすべてすませていたのだ。

会社のシステム、人々、製品、プログラムにあなたの価値を反映させる

あなたが自分にとって大切な価値を明確に把握していて、チームにもきちんと伝えているなら、さらにすべての行動がその価値を反映していなければならないということをすべての人が受け入れているなら、調和の取れた形で望みの結果を出せる可能性は大幅に高くなるだろう。

そんな実例を、私たちが経験したことから1つ紹介しよう。

最高のクオリティの代わりになるものは存在しない。

私たちジャザサイズは、わが社で働く人々、フランチャイジーと生徒に提供するプログラム、そしてジャザサイズが関連するすべてのパフォーマンスのクオリティに誇りを持っている。

サテライト・セールスマネジャーのジョーン・ミセット・ガンビルと、彼女の姉妹でエグゼクティブアドバイザーのキャシー・ミセットは、幼いころから「ジャザサイズ流」を吸収して育った。

姉妹の母親で、私にとっては義理の姉のサンドラ・ミセットは、35年にわたって私のエグゼクティブアシスタントを務め、本当に大きな助けになってくれた。

ジョーンは最近のメールで、「最高のクオリティ」というわが社の方針が、どのように社内のすみずみまで浸透しているか説明してくれた。

「ジュディは最高のものしか認めない。それは私たちも同じだ。会議のセッティングでも、ジャザサイズのプログラムでも、彼女はすべて最高のものを提供する。これらの決断で、価格が判断基準になることはない。なぜなら長い目で見れば、すべてにおいて高い質を追求することとの見返りは大きいということを、彼女は知っているからだ」

MBAを取得した姪のキャシーもこうつけ加える。

「私たちは『何が正しいか』ということを基準に決断する。コストがつねに基準になるわけではなく、コストだけを基準に決断することもない。お金は賢く使うということだ」

最高のクオリティを大切にする姿勢は、ジャザサイズのビジネスのあらゆる側面に現れている。

最高の気分で、最高のフローを体験できるクラスから、アパレル製品のデザインと耐久性、公でのパフォーマンスの仕上がりまで、すべてにおいて完璧を目指している。

人々はそんな私たちの努力に気づき、そのおかげで私たちも数え切れないほどの恩恵を受けてきた。

たとえば、ロサンゼルスオリンピック開会式でのパフォーマンスのあとには、有名なテレビ・映画プロデューサーのデヴィッド・ウォルパーから電話があり、テレビで全国放送される自由の女神の記念式典への出演を打診された。

あのショーに出られたことはジャザサイズにとって大きな喜びであり、それにPR上も計り知れないほどの効果があった。

デヴィッドからは後に、こんなメモが送られてきた。

「自由の女神の記念式典でジャザサイズが見せてくれたパフォーマンスは、すべての面において最高のクオリティだった。あなたがたと一緒に仕事ができたことを光栄に思っている」

あなたがチームのリーダーとして最初に確立した価値は、それがどんな価値であろうと、最終的な結果に直接的な影響を与える。価値を明確にし、あなた自身がその価値を体現した存在としてチームと接するほど、結果にさらに確信を持てるようになるだろう。

練習、練習、練習

プロのダンサー、劇場パフォーマーという初期のキャリアから私が学んだのは、リハーサルの大切さだ。適切な準備をともなわないパフォーマンスが一流と呼ばれることはめったにない。正しく行うには練習が必要だ。

だからジャザサイズのインストラクターも、練習を怠らず、いつも入念な準備をしてからクラスに臨む。指導内容のメモが見つからず慌てたり、音楽を探すのに時間がかかったり、照明の調整や生徒の配置で手間取ったりしないので、クラスに参加した人たちは、個人としてもグループとしても最高の体験ができる。

ダンスの効果は、体力や健康状態が向上することだけではない。

多くの研究によると、ダンスには思考、行動、感情のバランスが整うという効果もある。資格を持ったインストラクターが適切な指導を行えば、グループでのダンスには、自分自身とのつながり、他者とのつながりが深まるだけでなく、創造性と革新性が高まり、仲間との連帯感が生まれ、信頼感が醸成され、自尊心が高まる効果もあることがわかっている。

アップビートの音楽、グループでのダンス、心拍数を上げること、その結果としてのエネルギーの流れ、発汗、エンドルフィンの分泌が組み合わさると、そこには特別な化学反応が生まれる。

私たちが何年も前から知っていたのは、それこそがまさに、ジャザサイズと他のフィットネスプログラムを分けるカギだということだ。

その結果、ジャザサイズは業界でもっとも忠実な生徒を持ち、生徒の数も、生徒の維持率も、業界トップを誇っている。

クラスを離れたパフォーマンスでも、練習は同じくらい重要だ。

ジャザサイズは、PRや式典のためのパフォーマンスに、プロのダンスカンパニーと同じ姿勢で取り組んでいる。ホワイトハウスからリンカーンセンターまで、オリンピックからスーパーボウルまで、そして自由の女神から空母ミッドウェイの甲板まで、私たちはあらゆる場面で最高のショーを提供してきた！

その秘訣は、つねに最高のクオリティを追い求めること、最高の仕上がりになるまで練習を重ねることだ。

ジョーン・ミセット・ガンビルはこう説明する。

—私自身、何度も長く過酷なリハーサルの犠牲になってきたけれど、ジュディの要求の高さにいつも助けられてきた。完璧になるまで練習を重ね、最高の状態以外は見せないようにする。イタリアと日本での国際的なイベントから、街中でのパフォーマンスまで、私たちはいつも、プロとして恥ずかしくないパフォーマンスを披露してきた。

イタリアでのイベントでは、ジュディとシャナと私は控え室でも練習をしていた。すでにリハーサルはすんでいたけれど、このパフォーマンスは撮影されることになっていたので、ジュディがさらに完璧を求めたからだ。彼女は控え室の椅子に座ったままの状態で練習を始めた。そして練習しながら眠ってしまったので、シャナと私は思わず声をあげて笑った。でも、これがジュディだ。パフォーマンスのクオリティということに関しては、彼女は絶対に妥協しない！」

自分に厳しい基準を設定し、そしてその基準を必ず守る。

あなたがあきらめなければ、周りの人たちもあきらめないだろう。

人々をまとめる

ジャザサイズでは、従業員もフランチャイジーもハードワーカーだ。1週間に3万2000のクラスを開き、毎日およそ7万人の生徒に刺激を与えている。

全員が生徒のことを心から気にかけ、それと同じように私たちもインストラクターたちのことを心から気にかけている。

そのためジャザサイズでは、全世界のインストラクターが頻繁に集まり、お互いに親交を深めたり、一緒に踊ったり、お祝いをしたり、お互いに相手から学んだり、一緒に楽しんだりしている。一緒に楽しむことはこれまでも、そしてこれからもずっと、ジャザサイズの核となる価値だ。

2017年、私たちは「ザ・スタジオ」を導入した。

これは双方向の学習マネジメントシステム（LMS）で、それまでの世界的な情報・アイデア・トレーニングの交換システムから大幅にアップグレードされている。導入から1年で98パーセントのフランチャイジーがこのシステムを利用するようになり、日々お互いに大量のメッセージをやり取りしている。

皮肉なことに、創業48年（当時）を迎えたジャザサイズのLMSのおかげで、わが社のプラットフォームサプライヤーは「ルーキー・オブ・ザ・イヤー」を受賞した。

優れたシステム設計、仕事へのコミットメントと熱意、そしてコミュニティへの貢献が評価された結果だ。私はこの結果にまったく驚いていない。

なぜなら、ジャザサイズでは、みんなで集まってお互いの成功を祝うことに、つねに時間を使ってきたからだ。実際に同じ場所に集まることもあれば、ライブストリーミングや、ザ・スタジオを使って集まることもある。

ファースト・テンのインストラクターたちによって確立された「チームスピリット」は、

順調に規模を拡大し、今では全世界に散らばる数千人のインストラクターたちの間で共有されている。それがなければ、ジャザサイズはジャザサイズではなくなるだろう。

情熱と価値は、あなたの会社の「スルーライン」だと考えてみよう。

スルーラインとは演劇用語で、物語の個々の要素をひとつにまとめる一貫したテーマという意味になる。

情熱と価値を明確に言語化し、それを組織のすべての人に伝え、それを軸に組織の文化を構築する。そして人々にそれを浸透させ、それに基づいて行動するように力を与える。

もしまだ行っていないなら、今から試してみよう。

あなたはきっと、その結果に満足するはずだ。

第7章の CLEF NOTES《クレフ・ノート》

♪あなたという人間を規定する、あなたの会社の価値は何だろう？　それはすべての人に明確に伝わっているか？　一貫してそのメッセージをチームに伝えているか？　チームがすることのすべてが、その価値を反映しているか？　そしてもっとも大切なのは、それらの価値が、関係するすべての人に意義のある目的意識を与えているかということだ

♪求職者の面接をするときは、自分の目の前に座っている人の話に真剣に耳を傾けること。どんな経験や困難が、その人を形づくってきたのか？　その人はどのように学び、そして成長したのか？　その人は今どこにいて、どこに向かおうとしているのか？　その人はあなたのミッションのどこに魅力を感じたのか？　その人の情熱、態度、持って生まれた性質は、あなたの会社に合っているだろうか？　その人は、もしかしたらすばらしく優秀かもしれないし、カリスマ性があるかもしれないが、本人の情熱が別のところにあるなら、その人自身もいずれ別のところに行ってしまうだろう

♪文化に合っていなければならないのは、従業員の資質だけではない。会社の製品から財務、技術、トレーニング、人事評価まで、すべてが会社の文

化が求める基準と価値を満たしていなければならない。リーダーであるあなたは、従業員に求める態度を自らが率先して示さなければならない。ケアの気持ち、高いクオリティ、ハードワークがあなたの組織にとって大切なら、まずあなた自身がそれらの価値を体現する。正しい価値を育て、維持するには、求められる基準を意識的に満たしていく必要がある

♪私たちはチームのメンバーとして、そして究極的には人間として、人とつながるのが好きだ。そして人類学の世界では常識になっているように、人とのつながりは目から始まる。もしあなたが会社のオーナーなら、あるいは創業者、ＣＥＯ、社長なら、まずはオフィスの外に出てチームとつながろう。彼らの目を見て、時間をかけて関係を構築する。彼らに興味があることを示し、彼らについて知り、そして彼らに自分のことを知ってもらう。一緒に時間をすごす、一緒に食事をする、全員参加のプロジェクトを行う。方法はいろいろある

♪人とつながること、そして透明なコミュニケーションを、あなたの文化の核にする。対面でもオンラインでもいいので、定期的に全員で集まり、困っていることを話し合ったり、何かの節目や成功を祝ったりする

第8章

顧客コミュニティを育てる

あなたの観客は誰か？
他の誰も提供していないものを、
あなたは顧客に提供しているか？
顧客が確実に、何度もくり返し
あなたのところに戻ってくるようにするには、
どうすればいいだろうか？

ビジネスでは、顧客のこととなると、誰もが言いたいことやアドバイスがあるようだ。どうやって顧客を見つけるか。どうやって顧客を惹きつけるか。どうやって顧客を維持するか。昨今では、SNSでのつながりも重視される。顧客が自社のSNSを見て、自分のSNSで自社を宣伝してくれなければならない。

顧客エンゲージメントの法則は、かつてに比べて格段に意味が広がった。

従来の「カスタマーサービス」は、たいていの場合「苦情受け付け」の婉曲表現だった。製品やサービスに満足できなかった顧客が送られる場所だ。

しかし、多くの会社が「カスタマーケア」という考え方を前面に押し出すようになった。これはより高レベルな顧客とのつながりであり、顧客の本当のニーズや欲求を見きわめ、適切なソリューションを提供することを目指している。

さらに、「カスタマーエクスペリエンス」という言葉が盛んに使われるようになった。2018年3月の『フォーブス』誌によると、これはあなたの顧客とあなたの会社との間にある「コンタクトの総和」であり、「顧客とブランドとの感情的、身体的、心理的なつながり」という意味になる。

ドライブスルーのような一度かぎりの接触ではなく、顧客があなたのブランドに出合ってから現在にいたるまでのすべてが、この言葉に含まれている。社員や店員、製品、サービスと接したすべての瞬間が、カスタマーエクスペリエンスを決めているのだ。

だんだんと核心に近づいてきた。市場調査会社のフォレスターが発表している「カスタマーエクスペリエンス指数（CX指数）」によると、CX指数ランキング上位の株式公開会社は、そうでない会社に比べて一般的に株価の伸び率が高く、株式からのトータルリターンも高くなっている。

言い換えると、顧客に可能なかぎり最高の体験を提供し、さまざまな側面で長期間にわたってそれを続けると、顧客が喜ぶだけでなく、あなたのビジネスにとっても利益があるということだ。

現にジャザサイズも、そのおかげであらゆるレベルで成功を収めてきた。

顧客が気にかける企業とは

私はルイ・アームストロング（サッチモ）の次の言葉が大好きだ。


いちばん大切なのはその観客たちのために生きること。

なぜならあなたがそこにいるのは、彼らを楽しませるためだからだ！


この言葉は、サッチモがジャズの歴史でもっとも愛され、もっとも影響力を持つ存在であることを物語るだけでなく、「顧客中心主義」の真髄も見事に表現している。

顧客中心主義とは、あなたのやることのすべてにおいて顧客を中心に据えることだ。

私の最初のダンスの先生であるジョーン・レヴィットも、「いつも観客を意識しなさい」

とよく言っていた。

1969年、子どもをダンス教室に通わせる普通の母親たちを相手に、私は本格的なジャズダンスを教えようとした。その結果、生徒の90パーセントが辞めてしまった。

あれは私が、ジョーンの教えの正しさを痛感した瞬間だった。しかしあれ以来、教えを守らなかったことは一度もない。

ジャザサイズは生まれたときから顧客中心主義だった。

教室を辞めていった人たちに辞めた理由を尋ね、彼女たちが求めているものを知り、また戻ってきてもらった。鏡に背を向け、ただ音楽に合わせて身体を動かし、できる範囲で私の動きについていきてくれた。とにかく楽しみ、その過程で、今より小さいサイズの服を着られるようになり、心身ともに健康で幸せな人生を手に入れることを目指す。

最近流行の経営用語を使うなら、これらの行動はすべて「タッチポイント」と呼ばれる。タッチポイントとはブランドと顧客が接する瞬間であり、その瞬間が積み重なって、トータルとしてのカスタマーエクスペリエンス、あるいは「旅」になる。

あなたは自分のビジネスで、顧客がどれくらいのタッチポイントを経験するか把握しているだろうか？

あなたのブランドと関わることで、顧客がどのような「旅」を経験するか、本気で考えているだろうか？

顧客の視点で、出会いから現在までの旅を想像してみたことがあるだろうか？

私たちはつねにそれを行っている。顧客に尋ね、顧客を観察し、そして顧客一人ひとりが最高の「ジャザサイズの旅」を体験できるように気を配っている。

その見返りは、フィットネス業界トップの「顧客ロイヤルティ」と「顧客維持率」だ。

なぜ私たちはこれができるのか？

簡単にひと言で答えることは不可能だ。卓越したカスタマーエクスペリエンスを提供することは、さまざまなパーツ（たいていは困難をともなう）を組み合わせた結果だからだ。そのなかで最初に確立しなければならないパーツは、まずあなたの側が明確な意志を持ち、その意志を貫くことだろう。

それはつまり、可能なかぎり最高のカスタマーエクスペリエンスを提供することが、会社の成長と価値にとって絶対に欠かせないと心に誓うということだ。

顧客にとっての快適空間を創造するには

昨今の顧客は、かつてないほどの選択肢を持っている。スマートフォンから洋服まで、自動車からバックパックまで、食料品からフィットネスプログラムまで、あらゆるものが選び放題だ。そして選択の基準は、金額よりも感情であることが多い。

顧客の注意を惹きつけ、長期にわたる忠実な顧客になってもらいたいなら、まず顧客の立場で考えなさいと強く訴えたい。

そして一歩ずつ、「あなたはここで歓迎されている。私たちはあなたが探しているものを持っている。そしてあなたがそれを欲しいと思っているかぎり、簡単に、そして楽しく、あなたがそれを手に入れられるようにする」ということを、顧客に納得してもらう。

アメリカ中部の18の州でジャザサイズのサテライト・セールスマネジャーを務めるエリザベス・ウェストはこう説明する。

「生徒がもっとも恐れているのは、初めてクラスに参加する瞬間だ。スタイルに自信がなく、友だちもいない。そこで私たちは、できるかぎりのことをして初めての生徒を歓迎する。相手の名前を呼び、他の生徒に紹介し、初めてのレッスンがポジティブな体験になるように尽力する」

ジャザサイズの最高セールス・マーケティング責任者のケリー・スウィーニーはこうつけ加える。

「私たちはつねに、ジャザサイズを『すべての人のためのワークアウトプログラム』としてブランディングしてきた。そしてそのイメージを守るために、インストラクターは、誰もが安心できる環境づくりが得意な人をつねに選んでいる。たいていのジムや、高額なパーソナルトレーニングのインストラクターよりも、親しみやすく、周りに脅威を与えないタイプだ。

それと同時に、私たちはインストラクターの聴く力を鍛えることにも注力している。インストラクターは、生徒の話をよく聞き、それぞれのニーズや目標を迅速に見きわめなければならない。必要なときは、プログラムに変更を加えたり、もっと安全な動きを導入したりする。私たちが目指しているのは、すべての生徒に成功を体験してもらうことだ。その人がどんなフィットネスのレベルにあるかは関係ない。本当に効果のあるワークアウトを提供したい」

価値を明確にすること、質の高い人材を雇うこと、そして徹底したトレーニングで雇った人たちに高いスキルを身につけさせること――これらを組み合わせたおかげで、ジャザサイズは、初めての顧客との間にも迅速に強固な関係を築き、長期にわたる忠誠心を勝ち取ってきた。顧客と私たちは、お互いを支え合うコミュニティだ。

すべてのパーツが、全体にとって欠かせない存在になっている。

あなたの会社では、どのパーツが顧客にとっての快適空間を構成しているだろうか？

新しい顧客が初めてあなたのブランドに触れるタッチポイントは、確実にポジティブな第一印象につながっているだろうか？

それに続くタッチポイントも、一貫してポジティブで快適な印象になるように努力しているだろうか？

あなたの目標は、顧客を忠実なブランドコミュニティの一員にすることだろうか？

もしそうでないなら、今からでもそれを目指すべきだ。

礼儀正しさがものを言う

中西部出身の私の両親は、礼儀作法にとてもうるさい。それは私も同じであり、あなたの顧客もそうだろう。

ジャザサイズでは、礼儀正しくふるまう、人の名前を覚える、ホストとして気を配る、集まったすべての人が望みのものを手に入れられるようにするといったことは、選択肢の1つではない。絶対に欠かせない要素だ。

「私たちはあなたのことを気にかけている」というメッセージを顧客に伝えたいなら、礼儀正しく接するのがいちばんの方法だ。

両親が私に対してしてくれたように、私も自分が手本になることで導くことを選んだ。

ほとんどの人は、自分の存在を知ってもらいたい、支えてもらいたい、感謝されたいと思っている。相手が顧客か従業員かに関係なく、私はいつも、お互いに人間として相手に接している。

たとえば、相手の名前を覚える、感謝のカードやギフトを贈る、電話で近況報告する、直接顔を合わせてお礼を言うといったことだ。どれもささいなことだと思うかもしれないが、受け取る側に大きな印象を残すことは間違いない。

先に紹介したケリー・スウィーニーはこう言っている。

「すべてのインストラクター研修とセールスミーティングで、必ず礼儀正しさについて学ぶようにしている。礼儀正しさはジャザサイズの大きな部分を占めている、核となる価値だ。だからこそ、さまざまなツールやトレーニング、資産を使って、この価値が重要であることを伝えるようにしている」

当然ながら、ただ「お願いします」や「ありがとう」を言えばいいというわけではない。口を挟まずに相手の話を聞く、相手の怒りや悲しみに共感と理解を示す、心から謝罪する、問題があるなら迅速に対応し、そして本気で解決を目指すといったことも、礼儀正しさに欠かせない要素だ。

昔からいわれているように、人は与えたものを受け取るようになっている。

ジャザサイズが生徒を大切に思っていることを彼女たちは知っている。だから彼女たちも、私たちを大切に思ってくれる。現に彼女たちの70パーセントが、友人、同僚、家族にジャザサイズをすすめたいと答えている。

自分が本当に顧客を大切にしているのか。そして顧客は、自分を大切に思ってくれているのか。その答えを知りたかったら、ただ数字を見ればいい。

増えた顧客の数、離れていった顧客の数、顧客の維持率、顧客の何割があなたの会社を他の人にもすすめているか、そしてインターネットの口コミ数といった数字だ。

それで問題が見つかったという人は、礼儀正しさを全組織に浸透させよう。

礼儀正しさに例外は存在しない。シンプルな方法だが、目標達成に向けて大きな一歩になるはずだ。

いつだって節目を大切にする

ジャザサイズの節目に対する考え方はシンプルだ。節目を忘れず、節目を認識し、節目を祝う。この姿勢を守っていれば、生徒もチームのメンバーも、自分は気にかけてもらっていると気づくことができる。その結果、お互いの関係も意義深いものになる。

ジャザサイズはフィットネスビジネスなので、生徒が健康と美しいスタイルを手に入れる手助けをするのが仕事だ。

ごく簡単にいえば、クラスに参加する回数が多いほど、フィットネスの目標を達成するのが早くなり、その状態を維持できる確率も高くなる。そしてたくさん通ってもらうには、生徒を励まし、何かを達成したらお祝いし、努力に報いてあげればいい。

フィットネスプログラムのなかには、ただ入会金と毎月の会費だけが目的で、顧客が実際に通うかどうかに興味がないところもあるが、ジャザサイズは違う。

あまり顔を出していない生徒がいたら、電話をかけ、カードを贈り、メールを送って、会えなくて寂しいこと、早く会いたいと思っていることを伝える。

生徒はお金を払うという形で私たちに投資しているのだから、私たちも彼女たちに投資しなければならない。生徒が私たちの成功のパートナーであるように、私たちも彼女たちの成功のパートナーでありたい。

ケリー・スウィーニーに、もう少し詳しく説明してもらおう。彼女の言葉がヒントになり、あなたのビジネスで節目を祝う具体的な方法が見つかるかもしれない。

「私は30年以上も前から、アメリカ中のフィットネスプログラムに参加してきた。そのなかで、生徒の出席に気を配るものは、私の知るかぎり1つもない。簡単なことなのに、実際に行う会社は少ない。ジャザサイズでは、生徒の節目を大切にすることを、インストラクターのトレーニングに加えている。ポストカードや、メッセージのひな形といった素材をインストラクターに提供し、教室のなかでも、出席率のいい人や、ジャザサイズを他に紹介した人を表彰している」

実際、ジャザサイズに入会した理由を新しい生徒に尋ねると、口コミや友人からの紹介という答えが3分の2を優に超えている。ケリーは続ける。

「ジュディは創業当初から、お祝いをする文化を大切にしてきた。私たちは、生徒が達成した節目を認識し、お祝いをするために、多くのお金と時間を費やしている。たくさんお祝いをして、その中身も工夫している。

たとえば、1年間で150以上のクラスに参加した人は『クラブ・ジャザサイズ』というステータスを獲得し、さまざまなリワードを受け取ることができる。他にも、夏季や冬季に実施する『サマー・アテンダンス・チャレンジ』や『フェブラリー・フィットネス・チャレンジ』、友人への紹介を推奨する『ブリング・ア・フレンド』といったプログラムもある。本社のほうでもこういったプログラムを企画し、準備もしているが、これらのプログラムはフランチャイジーや生徒が気に入り、率先して取り入れているものだ」

出席数や出席率に加えて、教室では誕生日、祝日、大きな記念日などのお祝いも行っている。お祝いを取り入れるとプログラムがさらに楽しくなり、生徒との関係が強化され、さらに長続きするようになる。

創業当初からの生徒への約束「フィットネス、友情、楽しさ」は、こうやって守られているのだ。

ちなみに、フランチャイジーたちが自分の生徒の節目を記録し、きちんと覚えているように、私たちもまたフランチャイジーと従業員の節目を大切にしている。

仕事に関する記念日を祝い、誕生日や、その他の大きなライフイベントを祝っている。たとえば近年では、エリザベス・ウェストが、ジャザサイズのマネジャーに就任して25年の節目を迎えた。そこで私は、アメリカのセールスマネジャー全員への感謝を示すために、彼女たちとのチームミーティングを私の自宅で開いた。そして同僚たちの前でエリザベスの功績を讃え、特別に選んだギフトとカードを贈った。

エリザベスはこう書いている。

「ジャザサイズで働いている間、私は数え切れないほどの賞や贈り物を受け取ってきた。それも、回を重ねるごとにどんどん特別になっていく。なぜなら私の仕事が本当に認められ、感謝されていることが伝わってくるからだ」

ヴァージン・グループ創業者のサー・リチャード・ブランソンは、「あなたが従業員をどう扱うかが、従業員が顧客をどう扱うかを決める。人々は、自分が称賛される環境で花開く」と言った。私もこの言葉に心の底から賛成だ。

顧客が達成したことを祝い、チームのメンバーによる貢献に感謝する。どんなに小さくても、それが本心からの行動であれば、それが彼女たちのやる気に火をつける。彼女たちの背中を押し、刺激を与え、重荷を軽くし、自信を与える。あるいは、ただ相手の心が温まるだけでもいい。

私たちが目指しているのは、すべてのジャザサイズのクラスで、あるいはすべての出会いで、自分の目の前にいる人たちに「ここにいてよかった」と思ってもらうことだ。

あなたは何を目指しているだろう？

職場を超えた人間関係を育む

トレーナーのジェニファー・ワイダーストロムが、ナッシュビルで開催された2018年ジャザサイズ・フランチャイジー会議で話したことを紹介しよう。

「生徒がクラスにやってくるのは、あなたが彼女たちの人生のなかに存在するからであり、あなたが彼女たちのために何かを創造したからだ。あなたがいるからこそ、彼女たちの周りにあなたが築いたコミュニティがあるからこそ、あなたのおかげで特別な気持ちになれるからこそ、彼女たちはやってくる」

ジェニファーのこの言葉にもあるように、ジャザサイズのインストラクターは、生徒とつながり、インストラクターと生徒のコミュニティと、生徒同士のコミュニティを創造している。

「私たちはすべての人を歓迎する」「フィットネスと楽しさをすべての人に」というジャザサイズの文化に従い、私たちはすべてのクラスをパーティにする。

お互いの名前を覚え、努力を認め、達成を祝う。そうやって一緒に時間をすごしていくうちに、ジャザサイズに通っていることしか共通点がないような人たちの間にも、友情が生まれる。クラスのあとに集まって、一緒にコーヒーを飲み、本を読み、映画館に行き、休暇を一緒にすごす計画を立てる。

ベテラン・インストラクターのナンシー・ブレイディが、こんなことを言っていた。

「私たちは、ただのワークアウトをはるかに超えたフィットネスプログラムを通して、人生を一緒に経験する。結婚、離婚、誕生、死、がん、自閉症をともに経験し、そして力を合わせて理想のスタイルを目指す。出会ったきっかけはワークアウトだが、ワークアウトを通して築いた関係が、私たちを家族にしている」

また別のベテラン・インストラクターのジャネット・モリソンはこうつけ加える。

「ジャザサイズでは、ジャザサイズとインストラクター、インストラクターと生徒、インストラクター同士、生徒同士の関係に、一体感というダイナミクスが存在する。それがジャザサイズの独自性の源泉だ。

人間らしい触れ合いを大切にするというジュディの哲学があるために、私たちはクラスで達成した節目を祝い、生徒の名前を覚え、クラスで『ハッピーバースデートゥー ユー』を歌い、手書きのカードを贈る。こういった小さな行動の積み重ねは、生徒にとって大きな意味を持つ。人生がうまくいっていないときでも、ここに来れば、『自分は大切にされている』と感じることができるからだ」

24年前からジャザサイズに通っている大切な生徒のミンディ・バットはこう説明する。

「本当に好きなもの、心身が健康になるだけでなく、社交生活も豊かにしてくれるものを見つけることができて、心から感謝している。もうジャザサイズのない世界なんて想像もできない」

インストラクターや生徒から生の声を聞くのもたしかにすばらしいが、あなたを本気で納得させるのは、やはり数字かもしれない。

たとえば、ジャザサイズでは生徒の50パーセントが10年以上通っているが、フィットネスプログラム全体では15パーセントだ。週に3回以上通っている人は、ジャザサイズでは68パーセントだが、フィットネスプログラム全体では44パーセントしかいない。

これらの数字を見れば、顧客とつながることの大切さがよく理解できるだろう。活気にあふれ、長続きする顧客コミュニティを創造し、維持していきたいなら、顧客とつながり、顧客をすべての中心にしなければならない。

その見返りは、数字として現れるのはもちろん、数字以外の面にも現れる。

顧客は正しいことをすると信じる

会社をどう経営するか、従業員をどう扱うか、顧客にどう対応するかということは、あなた自身の世界観と深いつながりがあると私は信じている。

そもそも、人が自分のビジネスを始めて起業家となるのは、物事を自分のやり方でやりたい、自分のビジョンを実現したいと思うからではないだろうか？

私の世界観では、大多数の人が「与えたものを受け取る」ことになる。他者のことを心から気にかけ、尊重し、信頼し、隠しごとをしなければ、相手もあなたを同じように扱うだろう。私の長年の経験でも、この法則の正しさは何度も証明されてきた。

私にとって、ビジネスでもそれ以外でも、すべての人間関係の基盤にあるのは信頼だ。そして、信頼関係を築くには時間がかかる。自分は能力があること、信頼できること、誠実であることを証明し、つねにオープンなコミュニケーションを心がけなければならない。

その一方で、信頼を失うのは一瞬だ。

あなたが組織のCEOであるなら、日々の業務で決断することがたくさんあるだろう。その多くは、一見すると顧客や従業員の信頼とは関係ないかもしれない。たとえば、業務の効率を上げるためのプログラムや、収益性を大幅に上げるための合理化といった決断なら、悩む理由などまったくないと考えるだろう。

しかしその決断によって、もしかしたらカスタマーエクスペリエンスの質が低下するかもしれない。時間のしわ寄せがどこかに出るかもしれないし、面倒な書類仕事が発生するかもしれない。あるいは、「自分は信頼されていない、大切にされていない、ないがしろにされている」と誰かが感じているかもしれない。

そうなると、悩む理由のない簡単な決断が、いきなり大きな頭痛の種になり、信頼が大きく損なわれる。

ジャザサイズの核となる価値は信頼と透明性であり、これがすべての基盤になっている。たとえば入会の契約もそうだ。決まった期間はなく、時間も自由に選べ、休会やキャンセルもいつでも自由にできる。このような契約はフィットネス業界で他に例がない。

アパレル商品の販売でも同じポリシーを採用している。展示会でアパレルのセールを行うときは、よくお客が殺到して大混乱になるのだが、それでもポリシーは同じだ。

ジャザサイズは、生徒は正しいことをすると信頼している。そして大半の生徒は、こちらの信頼に応えてくれる（信頼を裏切るごく少数の人は、たいていすぐに辞めていく）。金額で生徒を釣ろうとすることはない。小手先の施策でお客をつなぎ止めようとしない。こまかく規則が定められた契約で生徒を縛りつけ、少しでもそれを破ったからといって生徒の信用情報を傷つけるようなこともしない。

私たちは直球で勝負する。嫌がらせを受けることは想定していないし、嫌がらせを受けることはほとんどない。

私にとって、正直であること、率直であることは、ひとつの世界観だ。信頼と透明性は核となる価値であり、ほぼすべての生徒はそんな私たちの姿勢を感じ取り、同じような態度で応えてくれる。

そんなのは楽観的すぎる、ただのお花畑だ、今の時代には通用しないと思う人もいるだろう。なんと言われても、私はまったく気にしない。私の知るかぎり、まず信頼することで信頼を獲得するという方法はうまくいくからだ。

ジャザサイズはつねに顧客中心主義であり、その姿勢はこれからもずっと変わらない。

第8章の CLEF NOTES《クレフ・ノート》

♪自分のビジネスを顧客中心主義にするために、できることはすべてやっただろうか?

♪フォレスターのカスタマーエクスペリエンス指数による長年の研究で証明されたのは、顧客が幸せであるほどビジネスの価値も高くなるということだ。あなたのブランド、製品、サービスが顧客と接する点（タッチポイント）をすべて検証してみよう。それぞれのタッチポイントをどのように改善すれば、顧客の快適さと満足感が自分にとって大切であり、顧客のサポートに感謝していると伝えることができるだろうか?

♪相手が顧客でも、従業員でも、フランチャイジーでも、ベンダーでも、あるいはクライアントでも、ささいなことの価値を絶対に過小評価してはいけない。礼儀正しく接する、成果を認める、節目を覚えている、貢献に感謝するといった小さな行動が、信頼関係の基礎になる。認められたい、支えられたい、感謝されたいと思うのは、人間にとって自然なことだ。積極的にそれらを提供し、関係するすべての人が、「自分は思いやりにあふれたコミュニティの一員だ」と感じられるようにする。そうすれば、好意的な

口コミやネットのレビューも、紹介も、うなぎ登りに増えるはずだ

♪CEOであるあなたは、自分の世界観を一度じっくり検証する必要がある。なぜなら、あなたが会社を代表して下す決断、そしてあなたの事業に関係するすべての人を代表して下す決断に、あなたの世界観が影響を与えるかもしれないからだ。あなたの世界観によって、決断が拡大されることもあれば、制限されることもあるだろう。あなたはただのボスではない。あなたのケアを必要とするコミュニティのトップに立っているのだ。最初のうちは、彼らの信頼を勝ち取るのは簡単かもしれない。しかし、それを長年にわたって維持するのは至難の業《わざ》だ。しかし、その信頼がなければ、あなたのビジネスは絶対に成功しない。すべての製品、サービス、ポリシー、手順を、信頼という観点から再評価してみよう。それらは信頼関係の構築に貢献しているか？　それとも信頼関係を壊しているか？

♪自宅のガレージを事務所にしたインターネットビジネスで成功している人でも、絶対に顔を合わせることがない人たちを相手に製品やサービスを売っている人でも、信頼と透明性の大切さは変わらない。商売の向こう側

にいる人たちの存在をつねに忘れないようにしよう。彼らは、自分の人生を効率的にするために、改善するために、あるいは豊かにするために、あなたが提供するものを選んだのだ。彼らは、あなたを信頼し、飛び込んでくれた。数ある選択肢のなかからあなたの製品やサービスを選んでくれた。あなたはその信頼に応え、完全な透明性を保ちながら、価値のあるものを届けなければならない

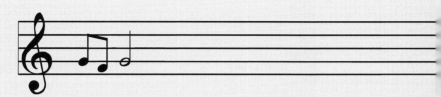

第9章

期待を分析し、つねに最高のものを提供する

昔から「自分が期待するものを精査しろ」
という言葉がある。
私なら少しひねりを加えて、
「人々に自分が期待する成果を上げてもらうために、
個人として、チームとして必要とするものを精査しろ」
と言うだろう。

あなたの組織で働く人たちのために目的意識のある文化を創造し、そしてあなたの顧客のために支え合うコミュニティを創造するのに大切なことだ。

しかし、願うだけでは実現できない。それと同じくらい大切なのは、自分のミッション、価値、具体的な期待を明確に伝え、現状を定期的に評価して期待との間にある距離を知り、

その距離を縮めていくことだ。

もちろん、評価の方法はいろいろある。

たとえば、人気リアリティ番組の『アンダーカバー・ボス 社長潜入捜査』のように、あなたが変装してチームのようすをこっそり観察するという方法でもいいだろう。あるいは、データをもとに数字で評価するという方法もある。

ジャザサイズでは、インストラクターごとの累積生徒数、退会率、入会率という数字を評価の基準にしている。それに加えて、定期的に顧客満足度を調査し、SNSへの書き込みもすべて目を通している。

しかし私にとって、もっとも簡単で、もっとも時間がかからず、もっとも効果的な方法がある。

それは、定期的に個々のインストラクターと直接つながり、それぞれがうまくやっていること、困っていることに心から興味を示し、問題があればそれが個別の問題なのか、それとも全体の問題なのかを分析し、インストラクターたちのパフォーマンスが期待通りのレベルに達するように手助けをすることだ。

ジャザサイズでは、8500のフランチャイジーが、全米50州と、国外25カ国に展開する教室で、週に3万2000のクラスを受け持っている。

こんなに大規模な組織で、どうやってそれぞれの個人とつながっているのだろう？

期待と現実の間にあるギャップを埋める

仕事に合った正しい人材を雇うのは、最初の一歩にすぎない。

どんなに完璧な新人研修を行ったところで、その人の実際の仕事と、あなたの期待との間に存在するギャップが気になるようになる。それが人間というものなのかもしれないし、あるいはいわゆるキャリアの自己責任というものなのかもしれない。

いずれにせよ、それは必ず起こる。そこで、つねに質の高い仕事をすることがあなたにとって重要なら、そのギャップを埋めていくプロセスを用意しておかなければならない。

ジャザサイズで使っているプロセスを紹介しよう。

1　自分の期待を明確に定義する

あなたのチームのメンバーは、チームとしてのミッションを達成するために、自分が果たすべき役割を知っているだろうか？　自分が何を期待されていて、それをどのように行い、なぜそれを行うのかを理解しているだろうか？

たとえばジャザサイズでは、すべてのインストラクターに3つのコア・コンピタンス（核となる能力）を求めている。それは、適切な身体能力、安全で生徒への責任を果たす指導、そしてフィットネスの基本に即したプログラム構成だ。

2 自己評価のチャンスを与える

あなたの期待が明確なら、個々のメンバーは自分で自分を評価するチャンスを与えられるべきだ。そして、自分の強みと、改善が必要なところを自分で決める。

ジャザサイズでは、自分が指導する55分間のクラスを録画し、それを1ページの「コア・コンピタンスのキー・スキル・チェックリスト」と比較して、自分のパフォーマンスを評価することを、各インストラクターに求めている。

この時点で、インストラクターは、直すべきところを見つけ、修正したパフォーマンスを再び録画して提出するか、あるいは元の録画のまま提出し、自分で発見した問題点に関してアドバイスを求めることができる。

3 公式の人事評価に従う

一対一の人事評価の目的は、相手に期待するコア・コンピタンスとパフォーマンスのレベルを確認し、お互いに誤解がないようにすることだ。

ジャザサイズでは、人事評価コーディネーターが、インストラクターから提出された録画を2週間以内にチェックして、そのあと頻繁に行っているスカイプ面談を通して必要な指導や助言を与える。

4 改善の指導と再評価を定期的に行う

パフォーマンスの改善を求めるときは、必ず一対一の状況で、お互いが納得できるまでよく話し合ったうえで行う。変化を求めるなら、相手に対する敬意が大前提になる。

辛抱強く指導し、相手を励まさなければならない。

ジャザサイズの人事評価コーディネーターは、一対一のコーチングを通して、インストラクターたちが新しいレベルに到達し、経験を積んで、インストラクターとしてさらに成功することを目指している。

定期的な人事評価に対する考え方は、会社によってさまざまだ。

あなたの会社はどうだろう？

小さなチームなら、メンバーを間近で観察し、自然な流れで評価と指導を行うことができる。しかし会社が大きくなり、さまざまな部署や場所に分かれているなら、すべてのスーパーバイザーが決められた新人研修の手順を守ることを期待してはいけない。

どんなにベテランのスーパーバイザーでもそれは同じだ。

あるいは人事評価は不要なコストか、または「必要悪」だと考えている人もいるかもしれない。それも間違いだ。

私はここで、人事評価はむしろとても実用的な手段だということを強調したい。期待を明確に伝え、一貫して質の高いパフォーマンスを促進し、個人の成長を支え、個人としても、チーム全体としても成功することを目指すために、人事評価は存在する。

これは、カツラやつけヒゲで変装し、部下のなかに紛れ込むよりもはるかに大変なことだが、その何倍もの効果がある。

卓越したパフォーマンスを見つけ、手本として例示する

たいていのマネジャーは、自分のチームで誰が模範的なメンバーかを知っている。

それはあなたが、よくぞ自分のチームにいてくれたと感謝するような人であり、できればクローンをつくりたいと願うような人だ。彼らはあなたの期待に応えるだけでなく、何度も期待を超える働きをしてくれる。そして成績トップの常連だ。

彼らの存在が貴重なのは、それぞれの仕事で卓越したパフォーマンスを発揮するからだけではない。彼らには、他のチームのメンバーに刺激を与え、いい手本になるという役割もある。

たとえば、トニ・ピトゥルツェッロがそうだ。トニはトップクラスのジャザサイズ・インストラクターで、8年のキャリアを通して多くの熱狂的なファンを獲得してきた。彼女の生徒は今でも増え続けている。彼女のクラスはいつも満員で、エネルギーと熱気にあふれている。入会率も群を抜いて高い。

もし可能なら、私はトニのクローンをつくるだろうか？　もちろんだ！　しかしそれはできないので、私たちはその次にいい手を考えた。

前にも触れたように、ジャザサイズには、「ザ・スタジオ」という、オンラインの双方向の学習マネジメントシステム（LMS）がある。

私たちがトニにお願いしたのは、この「ザ・スタジオ」を使って、「すばらしいアソシエートになる方法」というプレゼンテーションを行ってもらうことだ。

ここで彼女に目指してほしいのは、インストラクターのトレーニングではなく、自分の秘密を共有すること。クラスで生徒に接するときと同じように、共感と思いやりの態度で、他のインストラクターたちとつながってもらいたい。

トニはこの申し出を受け入れ、すばらしいプレゼンテーションをしてくれた。

彼女のプレゼンはその後シリーズ化され、彼女が実践している「ゲームのレベルを上げる方法」を、他のインストラクターたちが学べるようになった。

トニは、ジャザサイズ・インストラクターとしての自分の1日を例にあげ、自分のアイデアや経験、提案を、他のインストラクターたちに伝えている。

トニのプレゼンのなかから、見学に来た人に入会してもらうまでのプロセスを紹介しよう。あなたはこれを読みながら、トップパフォーマーのエネルギー、知性、そして心臓の鼓動を、直に感じ取ることができるはずだ。

●教室に早く到着する

「私はいつも早く教室に到着するようにしている」とトニは説明する。

「そうすれば、その日の生徒たちの気分や、エネルギーのレベルを把握することができる。すでに気分が上がっているならそれを活用し、そうでないなら気分を上げるような何かをすれば、レッスンの頭からエネルギーのレベルを高くすることができる」

この考え方は、フィットネスのクラスだけでなく、面接、営業、プレゼンなどにも応用できる。現場に早く到着すれば、たとえば会社の受付係や、営業相手の秘書、プレゼンに出席する他の人たちなどから情報を仕入れ、それに合わせて自分のパフォーマンスを調整することができる。

●クラスの前に見学者とおしゃべりをする

トニからのすばらしいアドバイスを紹介しよう。

「まず自己紹介をして、相手の名前を覚え、そして自由回答式の質問をいくつかする。たとえば、『フィットネスプログラムにどんなことを期待していますか?』『誰の紹介で来たのですか? その人とはどのようなお知り合いですか?』といった質問だ。次にさりげなく、自分のクラスの宣伝をする」

フィットネスのクラスでも、ミーティングでも、プレゼンでも、事前に出席者とちょっとしたおしゃべりをすれば、「自分はなぜここにいるのか」ということを相手にあらためて考えてもらうことができる。さらに相手に何か心配事があったら、事前に質問をして心配を解消するチャンスにもなる。

●完璧な指導を披露する

「私はいつも完璧に準備してクラスに臨む。すべての発言や動きが自然に見えるようにするためだ。適切な準備をすれば『自分がやること』をいちいち考えなくてもいいので、その分、生徒たちの反応に集中できる」

ここでトニが言いたいのは、あなた自身が事前に十分な準備をして、本番でリラックスしていれば、相手のほうも同じようにリラックスできるということだ。そしてあなたは、相手をよく観察し、相手があなたに同意しているか、あなたが提供する製品やサービスを受け入れているか判断することができる。

●すぐにステージから降りる

「クラスが終わったらすぐにドアのところに行く。そうすれば、帰宅する生徒たちにあいさつし、見学者に声をかけることもできる。魔法が起こるのはこの瞬間だ」とトニは言う。

どんなプレゼンや営業でも、大切なのは、雑談は早々に切り上げて本題に入ることだ。

●質問をする

ここでトニが大切にしているのは、「感謝と心からのほめ言葉を伝えること」と言う。「たとえば、『今日は来てくれて本当にありがとう。初めてなのにとてもよく踊れていました。それにすごく楽しそうだった!』などと言う。そしてすぐに、肝心の質問に移る。『本気で運動を始めたいと考えていると聞いたけれど、私たちのプログラムが助けになれると思う。実はちょうど○○(そのときに行っているキャンペーン名)というキャンペーンをやっているところなの。少し説明させてもらっていいかしら?』」

ジャザサイズはいつでもウィン・ウィンを目指している。強引な勧誘やおとり商法など、生徒にとって不利益になる戦術は絶対に使わない。

私たちが大切にしているのは、「ただ質問をして、その答えに注意深く耳を傾ける」ことだ。答えが「イエス」なら、それはすばらしい結果だ。そして答えが「ノー」なら、お礼を言い、また別のクラスに招待する。

このテクニックは、公式なビジネスや営業の場にも応用できる。

質問をして、相手の答えに耳を傾ける。ここで忘れてはならないのは、たいていのケースで、「ノー」は「今ではない」という意味だということだ。

●自分を責めない

見学者に入会してもらえなかったら、そこで自分を責めるべきなのか？

「もちろんそんなことはない！」とトニは言う。

「ジャザサイズのプログラムはすばらしいので、見学者の3人に1人が会員になる。これはかなりの高確率だ。最初に『ノー』と言われても、それは最終的な『イエス』に一歩近づいただけだ！」

私が思うに、これはすばらしいアドバイスだ。

入念に準備して、準備した内容をプロらしく完璧に披露して、それでも「ノー」と言われたのなら、それは長期戦に切り替えるタイミングかもしれない。

プレゼンの内容を練り直し、新しいウィン・ウィンの提案をする。しばらく時間をおき、もう一度質問をする。そしてもし必要なら、さらに質問をする。

あなたのビジネスには何人のトニ・ピトゥルツェッロがいるだろう？

従業員が持っている勝利の秘密が、共有されずに埋もれてしまっていないだろうか？

チームのトップに、他のメンバーの手本になってもらうことはできるだろうか？

従業員のスキルや知識を共有し、他のメンバーにも刺激を与える方法を考えてみよう。

顧客満足度を調査する

もちろん、誰もが顧客満足度の調査をしているだろう。

でも、どうやって？

アンケート形式の調査からは、貴重な情報を得られることが多い。

次ページの図は、「ジャザサイズのいちばん好きなところを教えてください」というアンケートの回答で、生徒が使った単語をまとめたものだ。

使った回数が多いほど、単語のサイズが大きくなっている。

私はこのような顧客調査の結果を見るのが好きだ。とはいえ、従業員の人事評価と同じように、相手と直接つながる手法のほうが私には合っている。

定期的に生徒の話を聞き、生徒たちが喜んでいること、喜んでいないこと、その理由を深く理解したいからだ。

CEOであるあなたは、次のことを知っておく必要があり、また知りたいはずだ。

私たちはあらゆる側面で、可能なかぎり最高の顧客体験を提供しているか？

顧客がジャザサイズで好きなところ

「ワークアウトの強度と、
インストラクターの熱意」

「簡単で踊りやすい
ルーティン。
自分だけの
ワークアウトにできる！」

「インストラクターの熱意。
みんな元気があるので
とても楽しくできる！」

「クラスの場所と時間が便利」

「インストラクターが
最高！！！！」

「ステップと音楽に
夢中になっているので、
ワークアウトをしているという
感じがしない」

「ワークアウトの種類が豊富なこと。
インストラクターはみなとても
感じがよくて、熱心に指導してくれる」

私たちのブランドのどのタッチポイントが機能しているか？

顧客がお金を払っても解決したいと思っている「ペインポイント」は何か？

ミッションを達成するためにはどこを改善すればいいか？

ここでも私からのアドバイスは、定期的に現場に出て、顧客の声を直接聞くことだ。ジャザサイズのモットーの1つに、「質問をしなさい。もしかしたら驚くような答えが返ってくるかもしれない」というものがある。

私は今でも、週に3回はクラスで教え、他にも2つか3つのクラスに参加している。そしてこの機会を活用し、さまざまな生徒に自由回答式の質問をしている。

あなたは顧客と直接話せる機会に備え、普段から質問リストを用意しているだろうか？

もし用意していないなら、したほうがいい。核となる顧客とつながりたいのなら、一対一の心の通ったコミュニケーションにまさる方法はないからだ。

次にあげるのは、私が生徒によく尋ねる5つの質問だ。それぞれの質問で、私が求めている情報と、そして実際にあった回答も見ていこう。

これを読んで刺激を受けて、自分も同じようなことをしてみようと、やる気になる人もいるかもしれない。

Q1 ジャザサイズに入会したきっかけは何ですか？ 長く続けてくれている理由は何ですか？

私が本当に知りたいこと

どのプロモーションに効果があったのか？

あなたが長く続けるうえでどのタッチポイントが役に立ったのか？

あなたは望んだものを手に入れているか？

私たちはあなたのニーズと期待にどれくらい応えているか？

回答者 アガサ・ブラウン（2012年からジャザサイズの生徒）

「ジャザサイズのことは聞いていたが、実際に体験してみようと思えるまで数カ月はかかった。参加している読書クラブで、何人かの仲間から、ジャザサイズはすごい、楽しいと熱心に誘われたけれど、私は興味を持てなかった。運動が苦手で、どんなエアロビクスのクラスでも足がもつれて転んでしまうようなタイプだから。するど今度は、子どもが同じ学校に通うママ友からも誘われ、友だちの紹介なら1カ月間無料で通えるというキャンペーンを紹介してもらった。そこでついに、1カ月は通ってみることにした。

初めてのクラスが終わると、同じ学校に子どもが通う人たちが私のところに来て、歓迎してくれた。私はすぐに次のレッスンが楽しみになり、家でも『シャッセ』や『トリプレット』というダンスの動きを練習するようになった。レッスンで使う曲やルーティンが頭から離れなくなった。そして気づいたら、すっかり夢中になっていた。あれから6年たつけれど、今でもその気持ちは変わらない。

あのとき、思い切って教室に参加して本当によかったと思っている。ジャザサイズは今では私の人生で特別な存在だ。想像していたのとはまったく違った。ジャザサイズはただのワークアウトではない。エンターテインメントで、コミュニティで、それに楽しい！」

Q2 ジャザサイズのどの側面があなたにとっていちばん価値がありますか？

私が本当に知りたいこと

ジャザサイズにとってカギとなるデモグラフィック（年齢や職業などの人口統計学的な属性）を代表して、あなたのニーズに優先順位をつけてください。あなたの答えは、あなたと同じデモグラフィックに属する人たちに対するマーケティングで大きなヒントになるかもしれない。

回答者 **ダイアナ・マスカレナズ**（2003年からジャザサイズの生徒）

「私はフルタイムの会社員だ。17人の部下がいて、そのうえたくさんの面倒な顧客の相手もしなければならない。だから長い1日が終わり、ジャザサイズのクラスに行くのがいつも待ちきれない。会社を出るときは、その日のストレスが重くのしかかっているけれど、クラスに向けて気持ちを切り替える。

ジャザサイズ・センターに足を踏み入れるのは本当にワクワクする。インストラクターから名前を呼ばれ、仲間の生徒たちも喜んで私を迎えてくれる。みんなクラスが始まるのが待ちきれない！

みんなの前向きな気持ちに触れ、激しく身体を動かすと、もう疲れなんてすぐに忘れてしまう。私自身もマネジャーなので、インストラクターの人たちのことは本当に尊敬している。毎日、教室にやってきて生徒たちを鼓舞し、それぞれが自分の目標を達成できるように後押しする。クラスが終わると、びっくりするほどストレスがなくなっている。会社で何があろうと、顧客に何を言われようと、ダンスフロアで踊っているとすべて忘れてしまう。

ジャザサイズと出合って本当によかった。今では私の人生に欠かせない存在になっている。ジャザサイズについて考えるとき、私の頭に浮かんでくる言葉は『フィットネス』と『仲間』の2つだ。そしてこの2つが、この15年の間、私の人生をとても豊かにしてくれた」

Q3 何か運動を始めようと考えている友人がいたら、あなたはその人にどんな言葉をかけますか？

私が本当に知りたいこと

口コミは、もっとも効果があり、もっともお金がかからない広告手法だ。

既存の生徒はジャザサイズをどう思っていて、周りの人にどう紹介するか？

私たちの経験からいって、SNSで製品やサービスの文句を言う人は、たいてい常習的なクレーマーだ。それに対して満足している生徒は、SNSではなく、友人や家族に直接話していい口コミを広める。満足していることを私たちに直接伝えることはほとんどない。なぜなら、言わなくてもわかっていると思っているからだ。

顧客は、ジャザサイズのどこがいいと周りの人たちに言っているだろう？

どんな言葉を使っているだろう？

回答者 ミンディ・バット（1995年からジャザサイズの生徒）
「高校生のときに、仲のいい友だちに誘われて初めてジャザサイズの教室に行った。そして何回か通っているうちに、すっかり夢中になってしまった！
でも、大学に入って地元を離れると、近くにジャザサイズの教室がなかった。そこで仕方なく近所のスポーツジムに通うことにした。プログラムは悪くなかったけれど、ジャザサイズの楽しさや充実度には遠く及ばない。4年後、大学を卒業すると、最初に通ったジャザサイズ・センターにまた入会し、それ以来ずっと続けている。
これは本心で、よく言っていることだけど、ジャザサイズのいちばんいいところは、クラスで退屈したことが一度もないことだ。実際、昔よりも今のほうがずっと楽しくてやりがいがある！

　クラスのある日は、朝起きるといつもワクワクしている。仲間たちと一緒に思いっきり踊ることができるからだ。インストラクターたちからはいつも刺激をもらっている。それに、ダンスの振り付けと筋トレを組み合わせた今のプログラムは完璧だ。

　このプログラムをやりたいからこそ、週に5回から6回、朝早く起きて通うことができる。その日がどんな1日だろうと、ジャザサイズのあとはいつも気持ちのいい1日だ」

Q4 もしジャザサイズのどこかを変えるとしたら、どこが変わってほしいですか？

私が本当に知りたいこと

　この質問では、ポジティブな形でネガティブな情報を知りたいと思っている。

　あなたのペインポイントは何か？

　つまりあなたのニーズや希望のうち、私たちが満たしていないものは何ですか、ということだ。その不満は以前とは変わったか？　あなたが必要なもの、欲しいものを提供するために、私たちは何をすべきだろうか？

回答者 **ルシール・ヘンリー**（1978年からジャザサイズの生徒）

「ジャザサイズを始めたのは25歳のときだ。それ以来、一度も辞めずにずっと続けている。その間、私は3回の妊娠と両親の死を経験し、そして5年前には人工股関節の手術も受けた。それらを乗り越えることができたのは、ジャザサイズのプログラム、インストラクター、そしてクラスのすばらしい仲間たちのおかげだ。

私は60代になった今も、360キロもあるハーレーダビッドソンに乗っている。あのバイクを乗りこなすには、体幹と筋力の強さが必要だ。年齢もあって、筋肉や骨が弱くなることを心配している。だから筋トレを増やし、ただ現状を維持するのではなく、もっと筋力をつけたいと思っている。

昨日よりも強くなった自分を実感したい。それに、柔軟性を高める必要も感じている。私はこれを機能性フィットネスと呼んでいる。前屈、スクワット、床に座る、立ち上がるといった動作を、何も考えず当たり前にできるようになるのが目標だ」

Q5 他に何かジャザサイズに対して伝えたいことはありますか?

私が本当に知りたいこと

私にとっては、これが今までの質問のなかでもっとも自由度の高い自由回答式の質問だ。この質問をするときは、あらゆる回答を覚悟しておかなければならない。たいていは多種多様な回答が返ってくる。いいものもあれば、耳の痛いものもあるだろう。

しかしリスクを取って挑戦し、広い心で回答に耳を傾ける。

回答者 ローザ・ロドリゲス（1975年からジャザサイズの生徒）

「自分の人生で最高の選択をあげるとしたら、33歳のときにジャザサイズに入会したことだ。そして44年がたった今もまだ続けている。ここまで続くのは本当にすごいこと。なぜ続いたのかというと、それはジャザサイズだったからだ！

クラスにいるときは、自分が77歳だということを忘れてしまう。踊り、笑顔になり、笑い、呼吸する。そのすべてを同時に行っている。とても気分爽快だ。しかも、50人かそれ以上の仲間と一緒にジャザサイズをできるのが最高に楽しい。

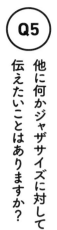

クラスのあとはよく一緒にコーヒーを飲みにいき、そこで他のジャザサイズの友人たちとも合流する。新しいルーティンについて話し、新しい動きについて話し、新しい曲、新しい挑戦について話す。それ以外にも、最近行った旅行のことや、パーティ、ファッション、子どもや孫のことも話す。

仲間の多くは40年以上の付き合いで、シカゴ、ニューオーリンズ、ロンドン、それに日本のジャザサイズにも一緒に行ったことがある。行った先でもさらにジャザサイズの仲間が増え、世界中に友だちができた。だから私は、誰かに会うといつもこう言っている。

あなたも始めるべきよ！」

第9章の

CLEF NOTES《クレフ・ノート》

♪スタートアップの時期で、まだチームが小さいなら、人事評価と指導は有機的に起こる。公式のプログラムはまだ必要ない。しかし、組織が大きくなると、こちらの期待に合った人材を確保するために、より構造化された人事評価のプログラムが必要になる。相手に対する尊重とサポート、相互理解を忘れず、適切に運用すれば、定期的な人事評価は関係するすべての人にとって利益になる

♪「自分が期待するものを精査しろ」ということを実践するときにカギとなるステップは、まず自分の期待を明確に定義することだ。次は、自分で自分を評価し、そしてチームのメンバーには、自分で改善策を考える、あるいは他者に助けを求めるチャンスを与える。公式の評価基準を活用して、その人の弱点と強みを特定する。フォローアップとして、一対一のコーチングを行う。その際、あくまで前向きな姿勢で成長と成功を後押しすること。そして最後に再評価を行う。このプロセスを定期的にくり返す

♪個人のメンバーや、チーム全体のパフォーマンスを向上させる手段をもう1つあげるなら、それはすでに存在するチームのスーパースターを活用す

ることだ。動画で成功の秘訣を語ってもらったり、プレゼンで効果的なテクニックの実演を見せてもらったりすれば、遠くにいる同僚たちのお手本にすることもできる

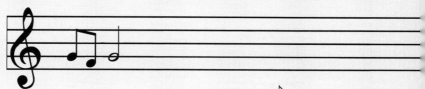

♪顧客満足度を定期的に調査することも同じくらい重要だ。アンケートなどの伝統的な量的調査に加えて、顧客の声を直接聞くという調査も行う。後者はあなたにとってより質の高い経験になるはずだ。顧客と一対一の状況で尋ねる自由回答式の質問を用意しておき、そして質問をしたら、相手の回答に注意深く耳を傾ける。それらの回答のなかに、他の方法では見落としていた大きな気づきがあるかもしれない

第10章

社会に貢献することの喜び

ケアの精神がある人や会社は、慈善活動、
メンタリング、ボランティアなどを通じて
社会に貢献することを心がけている。
お返しをするという態度は、
あなたという人間をもっとよく物語る。

自分のビジネスを支えてくれたコミュニティにお返しをするのは、多くの点で実用的だ。コンサルタントなら、地域社会に意義深い貢献をすれば、企業イメージとブランド評価が向上すると言うだろう。

ビジネスの研究によると、顧客維持と株主価値の面でも効果があるという。

たとえばラトガース大学のレポートによると、雇用主から推奨されたコミュニティ活動や社会活動に参加した従業員は、仕事への満足度が2倍になるという。

これらの事実もたしかに説得力があるが、私はもっと単純に考えている。

子どものころ、近所の恵まれない家庭のために、母親と一緒に食べ物や贈り物をカゴに詰めてホリデーバスケットをつくったときに私が学んだのは、他者を助けるのは自分の社会的な責任であり、個人としての特権でもあるということだ。

大人になってからは、心からのお返しは、与えるほうの心も受け取るほうの心も豊かにするということを学んだ。

手を伸ばし、資金を集め、お返しをする

昔から「慈善は自宅から始まる」という言葉があるが、私ならそれに「ビジネスでは、慈善はトップから始まる」という言葉を加えるだろう。

あなたが会社のトップで、さらにコミュニティへの貢献を大切にしているなら、会社の従業員たちが慈善活動に参加できるように後押ししなければならない。

トップダウンの全社プログラムを導入するというやり方もあるが、私の経験からいえば、貢献の方法はそれぞれの現場の社員にまかせたほうが、ずっと意義深い活動ができる。

ジャザサイズは55年の歴史を通して、総額で3200万ドル以上の資金を集め、お世話になっているコミュニティの慈善活動に寄付してきた。

実例は山ほどあるが、ここではいくつか厳選して紹介しよう。

これらの実例を読めば、お返しをすることの利点がよくわかるはずだ。

●乳がん研究のためのダンスマラソン

1993年から2000年までの8年間、シカゴ都市圏で教えるジャザサイズのインストラクターたちが集まって、ダンスマラソンのイベントを行った。

目的は、シカゴのラッシュ長老派聖ルカ病院の包括的乳がんセンターに寄付する資金を集めることだ。


エリアマネジャーのダニ・ギルモア・グレシャム、インストラクターのステファニー・ディオネソテス、シカゴ近郊のシャンバーグで教えるダール・フレイザーの奮闘で始まったこのイベントは、またたく間に全国、そして世界に広がり、他の100の都市にあるジャザサイズのスタジオでも開催されるようになった。


このイベントで乳がんセンターに寄付された金額は、総額で300万ドル以上になる。

「ダール・フレイザーは間違いなく、イリノイ州でもっとも人気があり、もっとも成功したインストラクターの1人だ」とダニは言う。

「彼女と仲間たちは、ラッシュのイベントでいつも最多の寄付額を集めている。その数年後、ダール自身が乳がんと診断されると、ジャザサイズが資金を提供してきたあのすばらしい施設で治療を受けることに決めた。化学療法の間も、放射線治療の間も、彼女の生徒たちがつねにそばにいた。ダールががんとの闘いに敗れ、2010年に亡くなってからも、生徒たちはダールの遺族へのサポートを続けた」

●希望のヒップホップ

フロリダ州オーランドでジャザサイズ・スタジオを運営するパティ・マーシャルとパティ・サルバトーレは、7年前から「ヒップホップ&ホープ」という人気イベントを毎年開催している。

ヒップホップダンサーのティム・ロバーツと一緒に踊り、わが社のケニー・ハーヴィーと一緒にジャザサイズができるイベントで、毎年数百人の女性が参加している。参加費と参加者が集めた寄付は、そのまますべてフロリダ病院乳がんケア基金に送られる。

「これは女性が女性を助けるイベントだ」とパティ・マーシャルは説明する。

「現在までに12万3000ドルの寄付を集め、がんの予防、予測、発見、治療という病院の活動を助けてきた」

彼女が病院から聞いた話では、このヒップホップ&ホープが集めたお金のおかげで、

900人以上の保険に入っていない女性患者が、マンモグラフィー検査を無料で受けることができた。さらに乳がんと診断された40人の治療費もまかなっている。

マーシャルは続ける。

「ヒップホップ&ホープは、この基金にとって2番目に大きな後援者だ。地域社会に貢献できるだけでなく、参加する私たち自身もこのイベントを心から楽しんでいる」

●サンディエゴでサバイバーを祝福する

サンディエゴのジャザサイズ・プレミア・センターのオーナーを務めるスーザン・ショフナーは、二度の乳がんサバイバーで、仲間のインストラクターのテリー・デニーンとともに「セイブ・ザ・タタス・ダンス＝ア＝ソン」というイベントを創設した。

イベントの目的は、乳がんの啓発活動と、研究に資金を提供することだ。

2010年、スーザンと仲間のインストラクターのアンドレア・シンガーは、このイベントを「ジャザサイズ・ダンス・フォー・ライフ」に改名した。

そして毎年、乳がん啓発月間の10月になると、地元のインストラクターが共同で、アメリカ、カナダ、日本のインストラクターと生徒を招待し、サンディエゴ湾に停泊する引退した巨大空母ミッドウェイの甲板で一緒にジャザサイズを披露する。

2018年は、1200人を超えるジャザサイズの生徒とインストラクターが集まり、ピンクのシャツを着て一緒に踊った。自分たちのなかにいるたくさんの乳がんサバイバーたちを祝福し、イベントの収益を乳がん研究と治療を行う施設に寄付した。ついに、イベントの過去6年の寄付総額が50万ドルを突破した。

「これは、献身、行動、決意、そして愛の行動だ」とスーザンは言う。

「ジャザサイズが、私たちすべてをつなげる役割を果たしてくれている」

社会貢献をするように従業員たちの背中を押したら、あなたはきっと、従業員のエネルギー、創造性、そしてメンバーが成し遂げた結果に驚くことになるだろう。従業員の行動はコミュニティに前向きな変化を起こす。

あらゆる調査によると、その行動が職場での士気向上にもつながり、メンバーはさらに熱心に、誇りを持って仕事に取り組み、生産性も向上する。

お金の代わりに時間と才能を提供する

毎年、全国フィジカル・フィットネス・アンド・スポーツ月間の5月は、アメリカ各地の校庭で「キッズ・ゲット・フィット」のダンスパーティが無料で開催される。指導するのは、ボランティアで参加する数千人のジャザサイズ・インストラクターだ。

このイベントでは、最新のヒット曲と、激しい動きで踊りやすいダンス、さらに双方向のフィットネスゲームを楽しむことができる。

3人に1人はいるとされる過体重、あるいは肥満の子どもも含め、参加するすべての子どもたちに伝えたいのは、「エクササイズは楽しくなければならない。そして実際に楽しい！」ということだ。

キッズ・ゲット・フィットが始まったのは1991年のことだ。

これは地元コミュニティへの貢献の一環であり、子どもの健康を促進するという学校の活動に協力するため無料で開催している。インストラクターたちにも学校にも好評の活動で、今では全米50州で毎年開催されている。

オバマ政権時代、ファーストレディーのミシェル・オバマが「アメリカの若い女性の健康を促進し、自尊心を高める」という目標を掲げると、私たちもそれに応え、2017年に「ジャザサイズ・ガールフォース」というプログラムを創設した。

16〜21歳の女性を対象にした国際的なプログラムで、1年間の無料フィットネスクラスを無条件で提供している。このプログラムも大好評で、若い女性たちのエネルギーには強い伝染力があるため、インストラクターの多くは、1回だけの予定だったプログラムをそのまま続けることにした。

●価値のあるパートナーと特別なスキルをシェアする

会社として行っているプログラムではないが、それでも数百人のジャザサイズ・インストラクターが、ボランティアで地元の介護施設や老人ホームに出張し、高齢者を対象に「軽いバージョンのジャザサイズ」を提供している。

車椅子の人や、歩行器が必要な人は、椅子に座ったまま参加することができる。他のインストラクターの多くも、地元のチャリティウォークやチャリティランと提携し、ウォークやランを始める前に行う15分間のストレッチを指導している。

小さな活動かもしれないが、地元への貢献という面で意義はとても大きい。ストレッチをきちんと行うことで、参加者が怪我をせず、安全にランやウォークを楽しむことができるからだ。

ジャザサイズ・インストラクターたちが持つさまざまなスキル、ケアの精神、そしてグループ活動を指導するノウハウを考えれば、このようなプロジェクトにボランティアで協力するのは、私たちにとって完全に理にかなった選択といえるだろう。

従業員が持つスキルを評価し、地元コミュニティのどんな活動に貢献できるか考えてみよう。あなたがすべての答えを見つける必要はない。ただ、どんな貢献ができるか考えるよう促し、そして行動を後押ししてあげればいいだけだ。

世界をいい方向に変える行動——大きくても、小さくてもかまわない

会社がスタートアップの段階、あるいは急成長の段階にあり、自分の会社に全精力を注いでいると、地元コミュニティへの貢献のことまで頭が回らなくなることがある。

たしかに理解できることだが、それでもあなたには何かしてもらいたいと思っている。どんなに小さなことでもかまわない。たった数時間でも、あるいはたった1日でも、誰かを助けるために行動すれば、何かがいい方向に変わることになる。彼らにとってだけでなく、あなたにとってもそうだ。

ジャザサイズのフランチャイジーのほとんどは多忙な女性で、毎日やることがたくさんある。それでも生徒を気にかけ、新しい生徒を惹きつけているのは、多忙ななかでも時間をつくって、何か行動しているということだ。

●月に一度の炊き出し

カリフォルニア州グラスバレーで教えるフランチャイジーのリン・マースと、彼女の生徒たちは数年にわたって、クリスマスの時期に集めたお金を地元のチャリティに寄付して

いた。

近年は、ホスピタリティハウスというホームレス支援団体を寄付先に選んでいる。栄養のある食事、医療、住宅、生活指導、職業訓練などをホームレスに提供し、自立を助ける活動をする団体だ。

リンと生徒たちは、395ドルを集めることを目標にした。シェルターでの一晩分の食事代と経費をちょうどまかなえる額だ。結果、目標の4倍の額を集めることができた。

ところが小切手を届けようとしたとき、何かが起こった。9人のジャザサイズの女性たちは、もう一歩踏み込んだ支援をしようと決めたのだ。

シェルターに集まった55~75人の人たちのために月に一度、自分たちでつくった料理を提供することにした。

ジャザサイズのチームを率いるトミー・コンレンは、「料理をとても喜んでもらえるので、私たちも嬉しくなる」と説明する。チームはコストを抑えるために、地元のフードバンクやスーパー、それにジャザサイズのメンバーからの寄付を活用している。

フランチャイジーのリン・マースは、この活動を続けるためにホスピタリティハウス・ディナー基金への寄付と引き換えに、毎月第一土曜日にクラスを開いている。寄付の額はいくらでもかまわない。

ここで紹介したもの以外にも、数百人ものジャザサイズ・フランチャイジーから、地元に貢献する活動の報告が毎年入ってくる。これらすべての活動はジャザサイズの大きな誇りだ。規模の大きさは関係ない。

これらの活動のおかげでジャザサイズの企業イメージは間違いなく向上している。だがそれよりも大切なのは、困っている人に手を差し伸べるという人間の善意が、これらの活動によって証明されていることだ。

お互いを思いやる

専門家によると、一緒に働く人たちを「家族」と呼ぶのは不適切であるようだ。「家族を解雇できないでしょう?」と彼らは言う。そのうえ「職場の人を家族だと思うと、非現実的な期待が生まれてしまう」ということらしい。

たしかにそうかもしれない。それでも私は、全世界に広がるわが社の人たちが集まり、お互いに思いやりと共感を示す場面を何度も目撃してきた。

この関係を家族と呼ばないなら、他にどう呼べばいいのか、私には見当もつかない。簡単にいえば、ケアの精神でつながるコミュニティをつくれば、そのコミュニティのメンバーはお互いをケアするようになるということだ。

これが家族でないなら、何が家族なのだろう?

●ホリーのためのホリデーハグ

1999年12月9日、インストラクターのホリー・ギャロウェイは夫のデイヴを事故で失った。アメリカ海兵隊のCH−46シーナイツ・ヘリコプターに搭乗中のいたましい事故だった。

それを知った仲間のインストラクターや生徒たちは、ホリーの5歳と4歳と1歳半になる3人の息子たちのために、忘れられないクリスマスを届けようと決めた。

「悲劇の知らせが届き、お葬式があって、それからも遠くからお悔やみに訪ねてきてくれる人がたくさんいた。だからあの年は、クリスマスのことを考える余裕なんてまったくなかった」とホリーは当時を思い出す。

「ある日、呼び鈴が鳴ったので玄関のドアを開けると、そこにはジュディと他のジャザサイズの人たちが、10個の箱を持って立っていた。箱の中身は息子たちのためのおもちゃや贈り物で、全部きれいにラッピングされて、宛名が書かれている。どれも息子たちの年齢に合ったものだった。

あの年のホリデーシーズン、ジャザサイズは私と息子たちを抱きしめてくれた。それからというもの、毎年ホリデーシーズンになると同じことをしてくれた。だから私は、私たちはもう大丈夫だと思うことができた」

ホリーは現在、ジャザサイズのトレーニングチームの一員となり、新人インストラクターの研修を担当している。

「あれから20年もたつのに、ジャザサイズの仲間たちは、ホリデーシーズンになると、電話をくれたり、テキストメッセージをくれたり、カードを贈ってくれたり、私のオフィスに立ち寄ってハグしてくれたりする」とホリーは言う。

「夫を亡くした私には、この時期は少しつらいだろうとわかってくれているから。考えてみれば、これは本当にすごいことだ。みんながいなかったら、自分がどうなっていたか想像もできない」

●ケイナのために喜びと愛を

7歳のサカイ・ケイナは、日本の広島でジュニア・ジャザサイズのクラスに通っていた。

2015年、何カ月もお腹の痛みが続いたケイナは、悪性リンパ腫と診断される。

ケイナの母親のマヤは言う。

「2回の腹部の手術と、化学療法の間、ケイナのインストラクターと同じクラスの友だちがいつもお見舞いに来てくれた。ケイナが治療をがんばれたのは、早く治って家に帰り、また大好きなジュニア・ジャザサイズに通いたいという気持ちがあったからだ」

先日、スギハラ・エミのアソシエート・インストラクターを務めるスガノ・エリから嬉しい知らせがあった。

「ケイナは病気に勝った！　体力も回復し、今日は友だち、弟たち、妹たち、お姉さんと一緒にジュニア・ジャザサイズのクラスに出て、とても楽しそうだった！」

大人向けのジャザサイズに通っている母親のマヤはこうつけ加えた。

「みんな笑顔で、愛にあふれていた。私たち家族にとって、ジャザサイズはただのフィットネスプログラムではない。それは喜びであり、愛だ」

●自然災害、そしてケアの精神と本物の支援

2015年、テキサス州バストロップで教えるインストラクターのステファニー・ゴードンは、テキサス史上最悪の森林火災で家を失った。

それを知ったテキサスのジャザサイズ・インストラクターと生徒たちがステファニーのために立ち上がり、励ましの言葉をかけたり、お金やギフトカードを贈ったりした。その後も電話で連絡し、できるかぎり手助けした。

2018年に北カリフォルニアで「カー火災」と呼ばれる大規模な森林火災が発生し、インストラクターのモリー・レドモンが家を失ったときも、全米のジャザサイズ・スタジオから励ましの言葉やギフトカードなどが届けられた。

モリーだけでなく、火災の影響を受けた彼女の生徒も支援を受け取っている。

また巨大ハリケーンのハービーが、ヒューストンとテキサス州南東部に壊滅的な洪水被害をもたらしたあとも、地元在住で、ジャザサイズUSセンターのセールスディレクターを務めるメアリー・ワズワースからこんな報告があった。

「世界各地のジャザサイズ・フランチャイジーから、信じられないほどたくさんの愛と思いやりが届けられた。ギフトカードが大量に送られてきたので、支援を必要としているインストラクターや生徒に配ることができた」

会社でも個人でも、誰かのために立ち上がり、意義のある貢献をしたり、手を差し伸べたりする姿勢が、その会社や個人の本質を物語ると私は信じている。

第10章の CLEF NOTES クレフ・ノート

♪会社のリーダーであるあなたにはたくさんの責任がある。金銭的な責任だけに集中するのは、いちばん簡単なことかもしれない。お金は短期の目標にとってもっとも重要な存在でもあるからだ。しかし、長期にわたって生き残るには、社会的な責任にも目を向けなければならない。組織を繁栄させたいなら、今の状態になるのを助けてくれた人たちへのケアを忘れないこと。それは、従業員、顧客、そしてあなたの組織を支える地元コミュニティだ。広い視野で考えれば、これはすばらしい好循環だ。彼らが繁栄すれば、あなたも繁栄する

♪支援とチャリティの優先順位は物理的な近さで決める。距離が近ければより深い支援が可能になり、そして深い支援はより遠くまで波紋を広げることができる。身のまわりで起きていることをよく観察し、自分にできること、そして他の人にも立ち上がってもらう方法をじっくり考える。あなたが支援するのは、あなたの会社の従業員だけではない。あなたの顧客、地元コミュニティ、そして業界全体まで視野を広げよう

♪日々の業務を超えた目的意識を持つように、従業員を後押しする。大きな

目的のために生きる人生には、その人の潜在能力を解き放つ力がある。あなただけでなく、彼ら本人も気づいていなかったような力だ。その努力と、努力がもたらす結果がよりよい変化を起こし、従業員の士気も大いに高まるだろう

♪お返しや貢献の方法はお金だけではない。自分の才能、時間、独自のスキルで貢献することもできる。安全な場所や食事を届けるという方法もあるだろう

♪小さな行動でも、大きな行動と同じくらい意義深い変化につながることはよくある。「何か大きなことをしなければ」と感じる必要はない。小さく始めて、その結果を味わい、そこからだんだんと大きな行動につなげていけばいい

♪社外への貢献も大切だが、社員同士のケアも同じくらい大切だ。悲劇、個人的な危機、自然災害は、いつ誰に起こってもおかしくない。あなたの社員がこのどれかを経験したら、自分にできる支援をするようにチームメイトたちを後押しする

第11章

ジャザサイズが長く続いている秘密

ケアの文化を活用して強固なコミュニティを創造し、維持する。そのコミュニティは、絶え間ないイノベーションを通じて競争を生き残るだろう。

かつて、Ｓ＆Ｐ５００（アメリカの代表的な上場企業５００社の株価から算出された株価指数）に含まれる企業の平均寿命は60年だった。

しかし近年、それが20年まで短くなっている。そしてジャザサイズが属するフィットネス業界は、一時の流行ばかり追いかけ、現れてはすぐ消えていく企業が多い。

そんな環境のなかで、なぜジャザサイズは55年の長きにわたって生き残ることができたのだろうか？

そしてあなたが自分のビジネスを長続きさせるために、私たちはどんなアドバイスを与えることができるだろうか？

この章では、ジャザサイズが培ってきたノウハウや経験を要約してお伝えしたいと思う。

現代のビジネスや経済は、ますます目先のことばかりにとらわれるようになっている。

そんな環境のなかで、ジャザサイズはどうやって革新と創造を続け、生き残ってきたのだろうか？

ジャザサイズでは10週間を1つの単位とする

あなたの会社は、どれくらいの頻度で新製品の開発や、製品ラインの刷新を行っているだろう？　アイデアが実行に移されるまで、どれくらい時間がかかっているか？　新製品を出すサイクルは、従業員や顧客のニーズ、興味、注意の持続時間とマッチしているだろうか？　これらの質問への答えが、定期的にイノベーションを起こす努力の原動力にならなければならない。

ジャザサイズでは、「フィットネスの敵は退屈である」ということが「常識」になっている。それがわかっているからこそ、ジャザサイズの核となる製品（最新のヒット曲に合わせて踊るオリジナル振り付けのルーティン）を、10週間ごとに完全に新しくしているのだ（当初は8週間サイクルだったが、試行錯誤の末、10週間がもっとも現実的でやりやすいサイクルだという結論になった）。

なぜこんなに頻繁にルーティンを新しくするのだろうか？

それは、人間には飽きるという性質があるからで、多くの研究からも、同じ内容のエクササイズをずっと続けていると辞める確率が高くなるということがわかっている。逆に内容が適度に変わるワークアウトは、続けようというモチベーションが高まる。

ジャザサイズのインストラクターのもとには、10週間ごとに30種類以上の新しいルーティンが本部から送られてくる。彼女たちはそれを覚え、1週間ごとに新しいルーティンを教室で教えることができる。つまり、ジャザサイズの生徒がずっと通ってくれるのは、最新のヒット曲に合わせた新しい振り付けで踊ることができるからだ。

私たちも、インストラクターたちも、このジャザサイズ独特の組み合わせが、生徒の維持につながっていることを理解している。

ごく簡単にいえば、私たちが年に5回もルーティンの刷新を行い、それを長年にわたって続けているのは、それが生徒にとって魅力になるからだ。理由はさておき、どうやって行うかの「ハウ」については、話はもう少し複雑になる。

10週間のサイクルで、最初に行うのは曲の選定だ。ジャザサイズが定める厳格な基準に照らし合わせ、候補となる60〜70曲のリストをつくる。

基準の例をあげると、音楽のジャンルが偏らないこと、有酸素運動と筋トレを組み合わせたルーティンに合うように、テンポの変化があってエネルギッシュな音楽であること、新鮮でポジティブな歌詞であること、思わず身体が動いてしまうような、創造的で独特な音であることなどだ。

私の秘書を務めるジンジャー・ハリスが、『バラエティ』『ビルボード』などの雑誌、各種コンピレーション・アルバム、社内からの推薦、オンライン会議での現場からの提案などを参考に最初のリストをつくる。

リストには、ジャズ、ヒップホップ、ファンク、エレクトロニック・ダンス・ミュージック（EDM）、ポップス、リリカル、クラシカル、アフロ＝キューバン、ラテンなどさまざまなジャンルのダンスミュージックが含まれている。

そのリストから今度は、シャナと私で30曲前後まで絞り、誰が何を振り付け、どんなクラスで使うかということを決める。

第2週から第6週にかけてシャナと私で振り付けを行い、第7週に行われる全ルーティンのプレ撮影に備える。

撮影チームはみな優秀なジャザサイズ・インストラクターで、新しい振り付けをすぐにマスターし、クラスのフォーマットに合わせて調整を加えることもできる。そしてプレ撮影で、最終的に新曲のリストが決まる。

次に登場するのが、ヨン・マッカーシーと、彼女のトレーニング・アンド・デベロップメントのチームだ。動画を補足する振り付けメモを作成し、さらに社内の運動生理学者に、特定の筋肉の使い方、安全への配慮、指導のヒントなどを書いてもらう。

第8週と第9週は、撮影チームによる最終的な練習だ。新しい振り付けを完璧になるまで仕上げていく。

そして第10週、2日間の最終リハーサルを経てから本番の撮影だ。

プロのスタジオを使い、3台のカメラと、わが社の優秀なJMデジタルワークスの製作スタッフたちの手で撮影が行われる。関係するすべての人が綿密に準備してくれているおかげで、たいていのルーティンは1回の撮影でオーケーが出る。

撮影が終わると、JMデジタルのデイヴ・グラークとリッチ・シナトラが編集を行い、「コレオグラフィー・コレクション」として全世界のフランチャイジーに配布される。

第7章でも述べたように、まだビデオテープに録画していたころは、配送の日になるとスタッフ総出で8500本ものテープの梱包と発送の作業をしたものだ。現在はデジタルになっているので、新しいコレクションを専用のプラットフォームでストリーミング配信している。

そして次の週からは、また同じことのくり返しだ。

一見すると、まるで映画『恋はデジャ・ブ』のように、同じ1日が永遠にくり返されているように感じるかもしれない。しかしここには、音楽のように抑揚もあればリズムもある。この10週間のサイクルは、音楽のベースラインビートのようなものだ。

同じ作業のくり返しが、会社の他の業務を根底から支える存在になっている。

たとえば、ジャザサイズCOO兼CFOのサリー・ボールドブリッジと、オペレーション部副社長のブラッド・ジョーンズは、技術チームと連携しながら、アジャイルソフトウェア開発とスクラムという最新の手法を活用し、会社とフランチャイジーのソフトウェアを開発している。

スクラムとはラグビーから借りた言葉で、ソフトウェア開発をチームスポーツとしてとらえなおすという開発手法だ。

集まって話し合う「ハドル」を頻繁に行い、短期の作業を反復する「スプリント」を積み重ね、そして必要なら迅速な路線変更で超短期間の開発を目指す。

アリソン・スティビルが率いるマーケティング部は、新しい「コレオグラフィー・コレクション」が出るのに合わせて大規模なプロモーションを打つ。ジャザサイズ・アパレルのデザイナー兼ディレクターのジョーン・マリー・ウォレスと彼女のチームも、2倍テンポのクイックステップのような速さで、年間に10種類のカタログをウェブサイト（www.shop.jazzercise.com）で公開し、全世界の顧客に届けている。

さらに、ジャザサイズのセールスマネジャー、フランチャイジー、インストラクターも、オンラインで「コレオグラフィー・コレクション」の製作過程を熱心に追いかけ、新しい曲とルーティンのヒントを顧客たちに教えて期待を高めている。

一方の生徒たちは、熱心に通うという姿勢で、私たちの努力に応えてくれる。「ジャザサイズはまったく飽きない」「いつも何か新しいものがある」と生徒たちは言う。生徒がモチベーションを保つには変化が必要だ。だから私たちは、その変化を10週間ごとに届けている。

あなたのスタッフや顧客は、モチベーションを保つために何を必要としているだろう？　どれくらいの頻度でそれを届けるべきなのだろうか？　あなたは、それを正しい頻度で届けているだろうか？

ジャザサイズは10年ごとに新しく生まれ変わる

楽譜には、テンポ、曲調、強度の変化を指示する記号や用語がある。それはビジネスも同じだ。そろそろ変化を起こしたほうがいいというサインがあり、それと同じくらいの頻度で、経営環境、マーケット、テクノロジーなど、外部の要因から変化を促されることがある。

サインがどこから出ているにしても、ここで大切なのは、敏感に反応し、迅速に動くことだ。時代遅れの存在にならず、つねに最先端の一員として生き残るには、そういったサインを見逃さず、革新と進化を続けていく必要がある。

●テクノロジーがもたらした変化

1970年代、私は他のインストラクターに振り付けを教えるようになった。土曜日の午後になると、自宅の芝生の裏庭にみんなで集まってセッションを行ったものだ。

あの10年間でジャザサイズがあそこまで爆発的に拡大できたのは、ビデオカメラとビデオデッキという新しい技術をインストラクターのトレーニングに取り入れたからだ。

そして音楽を録音する技術は、レコードからカセットテープ、CDへと進化し、ついにネット配信という技術が登場した。

これらの技術革新の結果、かつてわが家の裏庭で行われていたトレーニングは、今はオンラインになっている。あなたがテクノロジーの急速な進化についていけないなら、あなたのビジネスも時代から取り残されるだろう。

ありがたいことにジャザサイズは、創業当初から最新テクノロジーを活用してきた。

そのおかげで1970年代には、地元で人気のフィットネス教室という存在から、国際的なダンス・フィットネス現象になることができたのだ。

●政府がもたらした変化

1980年代は、政府と国税庁によって、事業の構造を根本から変えることを余儀なくされた。当初、インストラクターは個人事業主で、ジャザサイズから業務の委託を受けるというゆるい契約関係だったのだが、フランチャイザーとフランチャイジーという厳密な契約を結ぶことになったのだ。

国内外に散らばる数千人のインストラクターとフランチャイズ契約を結ぶのは、一歩間違えれば大惨事になりかねない。しかしふたを開けてみたら、ジャザサイズにとってさらに大きく飛躍するターニングポイントになった。

優秀なアドバイザーに恵まれたおかげで、複雑な法律や規制をきちんと守り、大きな構造の変化を無事に乗り越えることができたのだ。

さらに、優秀な経営チームの尽力と、インストラクターたちとの間に築いていた強固な関係のおかげで、インストラクターを1人も失うことなくフランチャイズ契約に移行することができた。

自分の周りに、善良で、仕事熱心で、賢い人をそろえよう（あなたより賢い人が理想だ）。あなたと同じ情熱を持ち、あなたの目的を支えてくれる人たちだ。

信頼を勝ち取るには、まず完全な透明性を確保すること。

信頼関係があれば、予想外の変化があっても、たとえそれが大きな変化でも、小さな変化でも、チーム一丸となって乗り越えることができる。

ジャザサイズの1980年代は、まず人気のフィットネス会社としてスタートし、そして最終的には、全米で2番目に成長の早いフランチャイズになった。

信頼できるアドバイザーと、忠実で仕事熱心なチームメンバーの存在がなければ、この飛躍は不可能だっただろう。

●マーケットと科学がもたらした変化

1990年代に入ると、ジャザサイズ創業当時はまだ赤ん坊だったフィットネス業界もすでに立派な青年にまで成長していて、フィットネスの時代になっていた。

スポーツジム、スタジオ、公園、インフォマーシャルなどでは、めまいがするほど多種多様なフィットネスの選択肢が紹介されるようになった。エアロビクス、ヨガ、インラインスケート、タエ・ボー、ボウフレックス、腹筋ローラー、サイマスターなどなど。マーケットはたしかに混み合っていたが、ジャザサイズは変わらず成長を続けていた。とはいえ20〜25年も続けていると、自然な変化を経験することになる。

インストラクターの多くは年齢を重ね、生徒を集めるのが以前ほど簡単ではなくなったと不満をもらし、引退を考えるようになった。こうやって内側からも外側からもプレッシャーをかけられた結果、新しいビジネスモデルが必要になった。

そこで、生徒を増やす対策として始めたのが、優良な生徒に他社のサービスや製品を提供するクロス・プロモーションだ。ナイキのスニーカー、ゼネラル・ミルズのシリアル、オレアイダのポテト製品、ミード・ジョンソンのエナジードリンク、クエーカーオーツのオートミールなどを生徒に提供した。

さらに、フランチャイジーたちのやる気を高めるためにインセンティブを用意した。生徒と売上を増やしたフランチャイジーには、リベートという形でボーナスを支給する。

そんなリベートプログラムの1つである「プレジデントクラブ」は、とりわけベテランのフランチャイジーのやる気に火をつけた。彼女たちは自分のビジネスを見直すと、クラスを増やし、若いインストラクターを積極的にスカウトするようになった。

そのうえで、私たちは１９９０年代のフィットネスブームの最中にあっても浮き足立たず、フィットネスの科学に集中し、研究に協力したり、科学の発見に基づくトレーニングをレッスンに新しく取り入れたりしていた。

●内側から起こる変化

創設40周年に向かう２０００年からの10年も、それまでと同じく困難と挑戦の連続だった。私はこの時期を、「絆を深める10年」と考えている。競争は相変わらず激しかったが、ジャザサイズの売上は好調で、毎年記録を塗り替えるような勢いだった。

私たちは内側に意識を集中し、フランチャイジーと生徒にハッピーでいてもらうことを目指していた。新しく建設した自社ビルに本社を移し、そこにすべての部署（フランチャイジング、ＪＭデジタルワークス、ジャザサイズ・アパレル）を集約させた。

ジャザサイズの幹部社員、そのころには経営チームに加わっていた娘のシャナ、そして私は、ほとんどの主要マーケットに実際に出向いて、大人気イベントのジャザサイズ・コンベンションに参加した。

私たちが目指していたのは、顧客とつながることだ。２００１年には、イングランド、スコットランド、イタリア、メキシコ、日本などで21のコンベンションを開催している。

翌2002年にはさらに22回開催した。

そして2003年、今度は全世界の仲間たちのほうからやってきて、数千人がラスベガスに集結した。2004年と2008年はまた私たちのほうから各地に赴き、ジャザサイズの忠実なファンたちと直接会い、話を聞き、絆を深めた。

これらのイベントは、期待をはるかに超える大成功だった。そして2009年、私たちはシカゴに集まり、創立40周年と、創立以来最高の1年を祝った。

私たちが国内でも国外でも規模を2倍にしていた一方で、皮肉なことに、一般の消費者からは見えない存在になっていた。ジャザサイズに対する世間の印象は、80年代と90年代のフィットネスブームが下火になるのとともに消えていった存在だったのだ。

しかし、私たちはまだ消えていない。他の多くの長く続くブランドと同じように、私たちにもイメージを刷新するPRとブランディングの戦略が必要だった。

●顧客がもたらした変化

2010年代初め、アメリカは世界金融危機から始まった不況にあえいでいた。

ジャザサイズのフランチャイジーと生徒も例外ではない。それでも本当に多くの人が、ジャザサイズがあったからこそつらい時期も乗り越えることができたと言ってくれる。

私たちはお互いに仲間として支え合った。

景気が上向いてくると、50周年を迎えようとしていたジャザサイズも何回目かの再起動を経験した。まず行ったのはリブランドだ。

新しいロゴ、新しい商標、新しいスタジオの規格、そして高強度インターバルトレーニング（HIIT）という概念を採用した新しいクラスのフォーマット。

現在、サテライト・ロケーション、コミュニティ・ロケーションと呼んでいる地元の公共施設や教会、学校を中心に提供しているレギュラープログラムに加え、トップのフランチャイジーの多くは、ジャザサイズ専用のジャザサイズ・センターやジャザサイズ・スタジオを開設した。生徒はこれによって、自分に都合のいい時間にもっとたくさんのレッスンを受けることができる。

ジャザサイズ・センターは、地元の小さなフィットネス・スタジオとして始まったジャザサイズが、さらにアップデートして帰ってきたようなものだ。開設するとすぐに、ジャザサイズにとって新しい成長の中心地となった。

それに加えて、ジャザサイズ・ビデオ・オン・デマンドという新しいプロジェクトでもさらなる成長を期待している。このプロジェクトの目的は、インストラクターの獲得と維持、そして将来的に、これまでにない新しい生徒をターゲットにしたプログラムとして活用することだ。

また、一般の知名度をさらに上げるために、10年スパンのキャンペーンも開始した。新しいウェブサイトを公開し、フランチャイジーを対象としたウェブベースの学習管理システム、より積極的なSNS展開、より高度なPR戦略などを企画している。

これらの努力が生み出した結果のうち、私のお気に入りの1つは、雑誌『シェイプ』でジャザサイズの特集が組まれたことだ。その記事には、「ジャザサイズがさらにパワーアップして帰ってきた!」という見出しが躍っている。

私たちはフィットネス業界の一大勢力であることを自負していて、その力を維持することを目指している。2019年の夏、私たちはほんの少しだけ立ち止まり、ジャザサイズの50歳の誕生日を祝った。だがパーティが終わったら(もちろん盛大なパーティだ!)、私たちはまたすぐに仕事に戻る。

私たちの仕事は、生徒がより幸せで、健康な人生を手に入れるのを手助けすること、そして60周年までの10年間でどんな変化を要求されても、それに応える準備をすることだ。

変化は簡単ではない。時には前に進むために、今の考え方を捨てなければならないこともある。ジャザサイズでは、それが10年おきに起こってきた。そしてここから先は、もしかしたら5年おきになるかもしれない。

あなたは、自分がすべきことをしなければならない。

次に出現する新しい何かを、心からワクワクする気持ちで抱きしめることができたら、本物のケアの精神と、完璧な透明性で迎えることができたら、あなたのチームも、あなたの顧客も、率先してあなたのあとをついてくるだろう。

リーダーであることのいい点、悪い点、最悪な点

誰よりも先に何かを行うとき、あなたはいつも前を見ている。後ろは決してふり返らない。私も最初のうちは、ただ自分の好きなことをしていた。

そして他の人にも、自分のしていることを好きだと思ってもらえるのがとても嬉しかった。メンバーも生徒も、私を助け、私のチームに加わり、一緒に創造していくこの特別な何かに誇りを持ってくれた。

創業したばかりのベンチャーには、一種特別な空気があり、関係する誰もが中毒のような状態になる。一方の部外者は、誰もあなたたちに興味を持っていない。自分で創造した新しいフロンティアに立つあなたたちが何をしているのか、彼らは知らないし、知ろうとも思っていない。

私自身、女性向けフィットネスの世界で革命を起こすつもりはまったくなかった。

ジャザサイズを始めた1969年、私が考えていたのは、ただ女性たちに私のクラスに出席してもらいたい、ダンスの楽しさを知ってもらいたい、楽しく踊りながら健康になり、美しいスタイルを手に入れ、自分に自信を持ってもらいたいということだけだ。

あなたも想像できるだろうが、まだ誰もやっていないことに挑戦して成功するのは、とても気分がいい。そこには大きな喜びと満足感がある。それが、起業家であること、何かで革命を起こすことの大きな魅力であり、やりがいでもある。

他の誰かが照らす光ではなく、自分自身が照らす光に向かって進んでいくのだ。とはいえ、革命を起こすのは諸刃の剣でもある。

成功すると、世間の注目を集める。興味を持たれ、真似され、競争相手が生まれる。さらに、法律や金融、政府、マーケットの状態は絶え間なく変化し、それに合わせて自分も変化することが求められる。

私たちのように初期に大きな成功を収めると、あなたのやり方がいつの間にか「業界のスタンダード」になっているだろう。この状況の悪い面は、あなたが他の人たちのターゲットになることだ。

あなたは倒すべき相手であり、あらゆる点で誤解され、からかいの対象になる。自分のしていることがいつの間にか「1つの業界」になっていたら、そのトップの位置にとどまるのは、トップに登るよりもずっと難しいということを実感するだろう。

私たちジャザサイズの場合、その道でつねに3つのことを忘れないようにしていた。1つは、生徒にとって何が最善かということを徹底的に考えること。2つめは、チームのメンバーを積極的にエンパワーし、個人としての成功にも、チームとしての成功にも、正しい報酬を与えること。そして3つめは、仕事の質や自分たちの尊厳を守りながら、変化を柔軟に受け入れることだ。

仕事を続けていれば、失敗することもあるだろう。

そんなときは、責任を認め、そしてもし可能なら正しい軌道に戻る。私たちを見ればわかるように、自分のビジネスと顧客ベースを育てるのに夢中になるあまり、びっくりするほど簡単に、自分たちの物語を外に向かって語るのを忘れてしまう。

ジャザサイズは着実に大きくなっていたが、外部の人たちからは、80年代で終わった存在だと思われていた。世の中が私たちを誤解していたのは、私たちが世の中に向かって語るのを忘れていたからだ。

だから現在のジャザサイズは、外部への発信に力を入れている。

業界トップの成功を達成すると、まるで海の中に肉の塊を投げ込んだかのように、あなたの周りにはサメがうようよと集まってくるだろう。彼らはあなたの成功に乗っかり、何らかのおこぼれにあずかることを狙っている。

共同ブランドを設立したい、あなたのネットワークに参加したいと言ってくる。あるいは、買収や乗っ取りをしかけてくる人もいるかもしれない。

そういった話にどう応じるか迷ったら、今のビジネスを始めたそもそもの理由を思い出す。私の場合、ベンチャーキャピタリストやその他の人たちから、ジャザサイズの株を公開すべきだとほぼ毎日のように言われていたが、すべて拒否した。

私の目的がお金だったことは一度もない。そもそも、そんなにお金が必要だろうか？それに、見ず知らずの存在に自分のチームの生計を握られるのもいい気分はしなかった。


あなたのところにもそんなオファーが来たら、私からは「自分自身を知れば、すべきことがわかる」というアドバイスを送りたい。

そして最後に、振付師であり、起業家であり、会長であり、そして何よりも生涯にわたるダンサーである私が、いくら強調しても足りないのは、つま先で立ち続けること、柔軟性を維持することの大切さだ。

自分の市場で起こっていることに敏感でいること。ライバルの動向から目を離さず、ただし彼らを追いかけない（彼らのほとんどは、群れのリーダーであるあなたがすでに持っているものを欲しがっている）。自分がいちばん得意なことに集中し、それをさらにうまく行う方法を考える。

いちばん大切なのは、顧客が必要としているもの、欲しいものが何であれ、それを必ず届けることだ。顧客の欲しいものがわからなくなったら、すぐにオフィスから出て話を聞きにいこう。

柔軟に変化しながら、核となる価値は守り続ける

顧客のニーズに合わせて柔軟に変化しながら、同時に核となる価値は絶対に変えない。そんなことは不可能なのではないかと思うだろうか？　私はそうは思わない。ジャザサイズの核にあるもの、すべての従業員、フランチャイジー、インストラクターのなかにあるもの、それはケアの精神だ。お互いを大切にし、生徒を大切にし、ともに築いてきたコミュニティ意識を大切にする。

私たちはケアの精神がある人を雇い、細やかなトレーニングと質の高い製品を提供し、そしてメンバーの卓越さ、高潔さ、思いやりのある態度に正当な報酬を支払う。

その結果として私たちが手に入れたのは、フィットネス業界で最低の離職率、最高の顧客ロイヤルティとリピート率だ。そのうえ新しい生徒の3分の2は、既存の生徒からすすめられて入会している。

私たちは一見するとダンス・フィットネスの会社かもしれないが、本当の仕事は、人間

関係を築き、維持すること、そしてケアのコミュニティを創造し、関係するすべての人が健康で幸せな人生を手に入れるのを手助けすることだ。

こんなふうに考えるのは私たちだけではない。ジャザサイズと同じように、驚くほど長続きしているビジネスの実例を1つ紹介しよう。フィットネス業界とはまったく違うが、歴史的につねに流行の先端を走り、競争が激しいという点は似ているかもしれない。

1985年、最初のレストランをマンハッタンに開いたとき、ダニー・マイヤーは27歳だった。店の名前はユニオン・スクエア・カフェだ。

34年後、マイヤーは、10店舗以上のニューヨークの高級レストランと、10億ドル規模のグローバル・ハンバーガー・チェーン、シェイクシャックを傘下に持つ、ユニオン・スクエア・ホスピタリティ・グループのCEOだ。

マイヤーは当初から、自分の仕事はレストランビジネスではないと公言していた。彼の仕事は「ホスピタリティビジネス」だ。そのため、雇う人材もホスピタリティのスキルを持つ人ばかりだ。誠実で、明るく、前向きで、持って生まれた優しさ、ケアの精神、共感力のある人を、マイヤーは求めている。

「性格のいい人に、ワインボトルの開け方を教えることならできる」とマイヤーは言う。

「しかし、ワインボトルの開け方を知っている人に、性格をよくする方法を教えることはできない」

レストランの収益にとって重要なのはリピート客の確保であり、人柄のよさがにじみ出ている従業員は、顧客との間に前向きな関係を築き、そこから生まれるダイナミクスがリピート客を確保するうえで欠かせない存在になる——マイヤーはそう信じていた。

有名なレストランガイドのザガットサーベイによると、マイヤーのレストランは70パーセントという驚異のリピート率を誇っていた。レストランのコンセプト、メニュー、ロケーションに関係なく、マイヤーがつねに目指しているのは「常連客のコミュニティをつくる」ことだ。

どこかで聞いた話ではないだろうか？

自分のビジネスを長続きさせたいなら、私からは次のようにアドバイスしたい。

自分のコア・カスタマーをよく知り、社内にケアの文化を確立し、それに沿ったポリシーを定め、質の高いプログラム、製品、サービスを彼らに提供する新しい方法を探り続けよう。

顧客を大切にする。まるであなたの命が彼らにかかっているかのように大切にする。

なぜなら、あらゆる意味でその通りだからだ。

第11章の CLEF NOTES《クレフ・ノート》

♪イノベーションは、精神、会社、業界の燃料になる。革新的であるためには、まず広い心を持ち、変化が必要であることを知らせるサインに敏感になる。自分のマインドセットをふり返ってみよう。あなたは新しい可能性に対して心を開いているだろうか？　成長できるチャンスにワクワクするだろうか？　それとも毎日のルーティンを手放したくないタイプだろうか？

♪一歩下がり、終わりのないToDoリストや、予期しないことを脇にどけ、あなたにとって核となるビジネスと、顧客の現在の反応についてじっくり考える時間を毎日つくる。顧客が飽きてきている、興味を失ってきていることを知らせるようなサインはあるだろうか？　どうしても気になるタイヤがきしむ音は増えてきていないだろうか？　顧客の行動パターンから、次の製品開発に取り入れたほうがいいもののヒントを読み取ることはできるだろうか？　製品開発のサイクル、チームの能力、顧客のニーズを決めている要素は何か？　もっとタイムリーに顧客のニーズに応えるために、プロセスのどこを変えればいいだろうか？

♪ビジネスでも人生でも、変化はつねに起き、そして避けられない。この事実を受け入れるのが早いほど、その果実を手に入れるのも早くなる。果実とは、人生を変えるような成長（個人としても、プロとしても）、自分にコントロールできない難しい挑戦を切り抜けたという経験で磨かれる柔軟性、短期の思考と長期の思考のバランスから得られる洞察、自分を変え続けることから生まれる強さ、そしてミッションを共有し、旅をともにすることができる真の仲間たちだ

♪ビジネスに関することのほとんどは時間の経過とともに変化するが、変わらない核となる部分を特定しておくのは大切なことだ。あなたの価値や倫理観、顧客への質の高いコミットメントは、あなたという人間の核であり、あなたのビジネスがこれからどうなるかを決める要素になる。自分の核を明確にして、それを関係するすべての人に伝える。この部分だけは、変わること、妥協することを、断固として拒否する。ビジネスの寿命が5年でも、15年でも、あるいは50年続くとしても、自分の核を守ったことを嬉しく思い、そして誇りに思うだろう

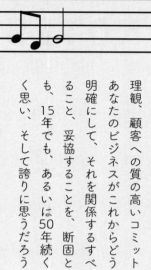

PART 3
身体、精神、魂のハーモニー

幸福で大切なのは強度ではない。
それはバランスと秩序であり、リズムとハーモニーだ

―トマス・マートン　修道士、作家―

第12章 身体と精神と魂をつなげる

身体、精神、魂がバランスの取れた状態にあると、正しい理由で正しい決断を下せるようになる。大切なのは損得や数字ではない。何がいいことなのか、何が正しいのかを見きわめ、関係するすべての人にとって、できるかぎり最善の選択になることを目指さなければならない。

身体、精神、魂の間に相互のつながりがあることは、すでに多くの科学的な研究によって証明されている。たとえば『アメリカ予防医学ジャーナル』誌は、過去26年にわたる25の研究内容を見直し、「運動の影響は身体をはるかに超える」という結論に達した。

身体を動かさずにいると、身体だけでなく精神も弱っていく。

逆に、定期的に運動していると体内の分子が連鎖反応を起こし、その結果、認知力や情報処理能力が向上する、自尊心や自己肯定感が高まる、抑うつ、不安、不満といったネガティブな精神状態に陥る可能性が著しく低くなるといった効果につながる。

リーダーであるあなたは、あなた自身のためにも、あなたのビジネスのためにも、あなたが率いるチームのためにも、仕事と人生のあらゆる側面で最高のパフォーマンスを発揮する責任がある。

そのために必要なのが、身体、精神、魂のつながりを保つことだ。

自分だけでなく、あなたが率いる人たちにも同じことを促す。

あなたに効果があることは、あなたのチームメイトにも効果があり、そして必然的にあなたのビジネスにも効果がある。

それを簡単に表すと次のようになる。

- **身体をケアする　↓　運動する**
- **精神をケアする　↓　拡大する**
- **魂をケアする　↓　進化する**

次に、それぞれについて詳しく見ていこう。

身体をケアする

最初にいちばん大切なことを述べておこう。

アメリカ疾病予防管理センターによると、アメリカ人の大人の80パーセント近くが、推奨されるレベルの運動を行っていない。推奨されるレベルとは、1週間に中強度の運動を2時間半、あるいは高強度の有酸素運動を1時間15分だ。

あなたもこの80パーセントの1人なら、今すぐ立ち上がって身体を動かさなければならない。なぜなら、身体を動かさないでいると、肥満、腹部の体脂肪過多、高血圧、Ⅱ型糖尿病、冠状動脈性心疾患、ある種のがんのリスクを高め、さらに不眠、疲労、不安、抑うつの原因にもなることが、数十もの研究で証明されているからだ。

読んでいるだけで怖くならないだろうか？

ここでのいいニュースは、運動はいつ始めても、どこで始めても、今よりほんの少し運動量を増やすだけでも、身体、精神、魂の健康に大きな効果があるということだ。

それに全体のウェルビーイングも向上する。

フィットネス業界に関わってきたこの55年間で、運動を増やすことには人生を変えるほどの力があることを、私はこの目で実際に目撃してきた。

年齢、性別、体重、運動能力は関係ない。ただ定期的に運動するだけで、今よりも幸せで、健康になれる。その結果、あなたのビジネスにもいい影響が出るだろう。

次に、運動が与えてくれる8つの効果を見ていこう。

1 脳の機能と記憶力が向上する

広範囲で詳細な調査により、運動には脳の構造と機能を変える効果があることが確認された。身体を動かすと血流がよくなり、血流がよくなると新しい血球と脳細胞の成長が促され、その結果、新しいニューロンが生まれ、脳細胞の劣化が抑止される。

つまり、集中力と記憶力が向上し、学習のスピードが上がり、抑うつになりにくいということだ。現在のところ、これがアルツハイマー病を予防する最善の策にもなる。

私もこの効果を日々の生活で実感している。今でも定期的に新しい振り付けを考え、振り付けを覚え、メモも見ないで人に教えることができるので、若いメンバーにいつも驚かれているほどだ。

2 脂肪細胞が小さくなる

ほとんどの人にとって、運動をするいちばんの理由は「体重を減らす」ことだ。

たしかに定期的な有酸素運動には、体脂肪を燃やしてエネルギーに変える効果がある。

さらに小さくなった脂肪細胞は数が増えなくなり、慢性的な低レベルの炎症が抑制される。低レベルの炎症は、ヴァンダービルト大学の研究によると、関節炎、ぜんそく、動脈硬化、高血圧、高コレステロール、がん、糖尿病など、さまざまな病気や症状の原因になるとされている。

3 エネルギーが高まり、老化が抑制される

ある程度の激しい運動には、心拍数を上げ、血流をよくする効果がある。それを続けていると、心血管機能が強化され、持久力が高まり、日常生活でのエネルギーレベルも向上する。そのうえ、老化が細胞レベルで抑制されるという効果もある。

ここで夫のジャックの体験を例にあげよう。

ジャックは55歳で最初のトライアスロンを完走した。65歳でサンディエゴ・トライアスロン・シリーズの6レースすべてに参加し、全レースで年齢グループ1位になった。獲得ポイントでも新記録を打ち立て、自分よりもずっと若い参加者たちのポイントを上回った。70歳を過ぎてからも、全米トライアスロン選手権に4回参加し、そのすべてで完走している。世界トライアスロン選手権のアメリカ代表にも4回選ばれた。

4 痛みの緩和、気分の向上、ストレス軽減

アメリカ・エクササイズ評議会最高科学責任者のセドリック・ブライアントは言う。「私たちは長年にわたって、運動の効果についてはほぼ身体面のことしか考えていなかった。精神面、感情面の効果については完全に無視していた」

しかし、今では数え切れないほどの研究のおかげで、秘密がついに明らかになった。運動すると、セロトニン、ノルアドレナリン、エンドルフィン、ドーパミンといった強力な脳内物質が分泌され、その結果、慢性的な痛みが緩和され、全般的な気分が向上し、ストレスが軽減され、不安が解消される。

娘のシャナの実体験を紹介しよう。

「私にとって、運動のいちばんの効果は自由だ」と彼女は言う。

「やりたいことをするときに、それが子どもと遊ぶことでも、ガレージの掃除でも、趣味の活動でも、痛みやストレス、不安を感じずに、自由にすることができる。それにもちろん、エネルギーレベルが上がるので疲れないし、楽しみも大きい」

5 睡眠の質が向上する

定期的に運動していると、よく眠れるようになるだけではなく、睡眠時間が長くなり（1時間半ほど長くなる）、さらに深く眠れるようになる。

その結果、徐波《じょは》睡眠と呼ばれる深い睡眠の時間が長くなる。徐波睡眠は、記憶の整理、身体の回復と修復、エネルギーの再充填、免疫システムの強化などでカギとなる睡眠だ。

これを現実に置き換えて考えるなら、ノースウェスタン大学の研究が参考になるだろう。慢性的な不眠を訴える人を集め、２つのグループに分ける。１つのグループは座りっぱなしの生活で、もう１つのグループは定期的に運動する（中程度の有酸素運動を週に２時間）。16週間後、運動したグループは、睡眠の質が向上して睡眠時間が長くなり、さらに全般的な気分と人生の質も向上した。

6　筋肉、関節、骨、肌に効果がある

特定の筋肉を大きくするために、特定の運動をしているという人もいるかもしれない。しかしそのような運動でも、血流がよくなって全身に酸素がいきわたることで、筋肉全体が恩恵を受けることになる。筋肉が細胞の老廃物を除去し、エネルギーを生成するときは、血液と酸素が必要になるからだ。

筋肉を曲げたり伸ばしたり、重いものを持ち上げたりすると、骨にも負荷がかかり、その結果、全身の骨も強化されることになる。具体的には、骨密度が上がり、より安定し、滑液が増えて関節の動きがなめらかになる。

ここでは、10代の孫娘が友だちに自慢していた言葉を紹介しよう。

「私のお祖母《ジャミ》ちゃんはまだ１８０度開脚ができるんだよ。しかも左右両方の脚で！」

ちなみに血流の増加は、筋肉だけでなく肌にもいい効果がある。血流によって肌の細胞に栄養が行きわたり、老廃物が除去され、新しい細胞の成長が促進されるからだ。

7 親密さが深まる

運動しない人は、体力がなく、あるいはスタイルに自信がないために、セックスに対して消極的になる——ここまでは、誰でも考えればわかる範囲だろう。

しかし科学的な研究によって、それ以外の影響もわかってきた。定期的な運動によって血流がよくなり、エネルギーレベルが上がり、スタミナがつくと、性的な欲求と興奮が促進され、セックスの満足感が深まるという。男性でも女性でも同じだ。

8 仲間ができて楽しい！

ジャザサイズでも、入会の動機のほとんどは体重を減らすためだが（もちろんその効果は大きい）、長く続けている理由は、クラスの仲間意識であり、みんなで身体を動かすことの楽しさだ。それに、ジャザサイズはつねに新しい音楽と振り付けを提供し、各インストラクターもいろいろ工夫しているので、飽きたり退屈したりしないという満足感もある。

フィットネスの世界には、「最高のエクササイズは、実際にや
るエクササイズだ」という

言葉がある。もしあなたが、この本を読んで運動を始める気になってくれたのなら（そうなったことを願っている）、まずは低強度、中強度、高強度を組み合わせたエクササイズを試し、自分の身体、精神、魂がいちばん元気になる配分を見つけてもらいたい。

最低でも、中強度の有酸素運動を週に2時間半、あるいは高強度の運動を週に1時間15分を目標にする。さらに、週に2回程度の筋トレも忘れないように（ジャザサイズにも筋トレが取り入れられている）。そしてどんな運動をするときも大切なのは、何らかの心配や慢性的な症状があるなら、医師に相談することだ。

精神を拡大する

運動が身体にいい理由はたくさんあるが、精神を拡大するのが大切な理由も同じくらいたくさんある。あなたの会社でもっとも重要な意思決定者として、あなたは創造的に考え、独創的な思考、アイデア、ビジネスソリューションを生み出す責任がある。

あなたの脳が凡庸な箱の中に閉じ込められ、日々の業務に忙殺されているとしたら、そこからどうやって抜け出したらいいのだろう？

創造的な思考が必要なのは、会社の従業員も同じことだ。

だから彼らに対しても、精神を拡大するように後押しする必要がある。

私がやってうまくいった方法を4つ紹介しよう。

1 幅広く読む・聞く

視野を広げ、潜在能力を高めるには、本を読んだり、オーディオブックやポッドキャストを聴いたりして、最先端の知見を専門家から学ぶのがいちばんだ。あるいは、TEDトークの動画を見るというすばらしい方法もある。

自分の業界のリーダーはもちろん、異なる業界のリーダーが書いた本を読む。新しい情報やアイデアを探す。自分とは違う考え、意見、信念を持つ人の話に興味を持つ。たまにはミステリーの娯楽小説などを読んで脳を喜ばせるのも、悪いことではない。新しい文化や時代に興味を持ったり、次の旅行先の候補が見つかったりするかもしれない。

2 思考を刺激される活動をする

数年前、ウィメン・プレジデンツ・オーガニゼーションというNPOに参加した。成功している女性起業家（社長、CEO、マネージングディレクターなど）が、互いに競合しないさまざまな業界から集まった組織だ。

メンバーはすべて、数百万ドル規模の会社のリーダーであり、自分のビジネスを次のレベルに成長させたいという目標を持っている。

ゲスト講師を招いての講座、円卓会議、メンバー同士の協力プロジェクトといった活動はもちろん、私にとっては、そもそも成功した女性の存在そのものが、お互いのサポート、エンパワーメント、刺激、知恵の源泉になっている。

また、2016年に女性サミットに参加したことをきっかけに、「ジャザサイズ・ガールフォース」のアイデアが生まれた。これは2017年に始まったグローバルなイベントで、16～21歳の若い女性の健全な発達をサポートすることを目指している。

とにかくいろいろなところに顔を出そう。そこから何かが始まるかもしれない。

3　まったく新しいことに挑戦する

自分の快適空間の外に出て、まったく新しい視点で午後をすごしたり、夜をすごしたり、週末をすごしたりする。観劇、コメディクラブ、コンサートなど、夜のお出かけを楽しむ。何かの教室に通う、講義を受ける、博物館へ行く、あるいはスカイダイビングをする。意図的に何か違うことをして、いつもの思考パターンから抜け出すと、びっくりするようなことを思いつくかもしれない。

4　偉大な精神から学ぶ

トーマス・ジェファーソンは、イギリス人哲学者ジョン・ロックの本で学び、そのあとアメリカ独立宣言を書き上げた。ジョン・F・ケネディは、大統領在任中、ずっとジェファーソンの教えを学び続けた。マーティン・ルーサー・キング・ジュニアは、ガンジーの平和主義に触発され、非暴力の公民権運動のリーダーになった。

メリンダ・ゲイツは、ケビン・サルウェンが書いた『半分の力（The Power of Half）』を読み、消費よりも慈善を選ぶという著者の行動に刺激を受け、夫のビル・ゲイツ、億万長者で友人のウォーレン・バフェットとマーク・ザッカーバーグ、その他の人々を説得し、最低でも財産の半分を慈善事業に寄付するという約束を取りつけた。

脚本家のリン＝マニュエル・ミランダは、ロン・チャーナウが書いたアレクサンダー・ハミルトンの伝記を読み、ピューリッツァー賞を受賞したミュージカル『ハミルトン』を生み出した。

歴史上の誰があなたにインスピレーションを与えるだろう？

彼らからどんなことを学び、その学びからどんな行動を起こすだろう？

魂とつながる

私が初めて魂の存在を意識したのは、母親から「自分の内なる声を聞きなさい」と言われたときだ。そのとき母は「内なる声に従っていれば間違いない」とも言っていた。

母の言う通りだった。実際、私が後悔しているのは、内なる声を聞かずに決めたときか、外側の声があまりにも多すぎて、内なる声を聞く暇がなかったときだ。

内なる声、直感、感情の中心、高次の自己、呼び方は何でもかまわない。

魂の力を借りれば、どんな問題も直感的に、すんなりと解決することができる。

魂があなたに望むのは、ただ定期的に魂の声を聞き、魂とつながることだ。

その方法を具体的に見ていこう。

1　何もしない時間をつくる

グローバル企業の会長である私は、多くの人と同じように忙しすぎる毎日を送っている。それでも、1日に数分間、たいていは朝早い時間か夜遅い時間に、ひとりで座ってただ呼吸する時間をつくっている。その間、私は「今、ここ」だけに存在する。

周りの景色や音をありのままに認識し、それと同時に、喜び、幸福、心配、苦痛、悲しみ、嘆きなど、とにかくそのときにわき上がってきた感情にも集中する。内なる声が語りかけることをすべて聞く。もし内なる声が黙っていたら、その沈黙をただ受け入れる。

これが私の瞑想だ。あなたも自分の瞑想を見つけてほしい。

2　自然にまかせ、セレンディピティを期待する

私は基本的に几帳面で、すべてを自分でコントロールしたがるタイプだ。しかし長年の経験から、コントロールしたいという気持ちを手放すことの大切さも理解している（驚いたことに、私のマイクロマネジメントがなくても物事はきちんと完成するのだ）。すばらしい成功や困難を通して私が発見したのは、人生で起こることの多くはコントロールできないということだ。予期していなかったことから、人生を変えるようなチャンスにつながることも往々にしてある。

そもそも、あまりギチギチに管理せず、肩の力を抜いたほうがずっと楽しい。

私は意識して、物事を自然にまかせるようにしている。

思いつきで何かいいことをしたり、いきなり誰かに電話をしたり、プロジェクトの完成や目標達成を祝ったり、大きな仕事をしたメンバーを表彰したり、季節の変化やホリデーシーズンを新しい方法で祝ったりする。

ここ最近でもっとも楽しかった休暇を思い出してみると、直前に休むことを決め、まったく計画を立てなかったものがいくつかある。

たとえば、孫娘が全国ダンスコンクールで踊るのを見るために、夫のジャックと一緒にラスベガスまで飛行機で日帰り旅行をしたこと。または、何の予約もせずにテキサスまでドライブしたこともあれば、週末にいとこたちと一緒に、アイオワ州最大のお祭りであるアイオワ・ステート・フェアに行ったこともある。

予期せぬ可能性に向かって自分の扉を開け、快適空間の外に出れば、きっとたくさんの光が流れ込んでくるだろう。

あなたはきっと、その光の量と偶然性に驚き、そして喜ぶことになるはずだ。

3　大切な人たちとつながる時間をつくる

アイオワ州のステート・フェアに一緒に出かけたことで、いとこたちと子ども時代のようにまた仲良くなった。テキサスへの往復のドライブのおかげで、ジャックも私も気分がリフレッシュした。レッスンのあとで長年の生徒と一緒にコーヒーを飲んだところ、それが特別な友情に発展した。犬の散歩をする心穏やかな20分、息子と電話でおしゃべり、地元のモールで娘や孫娘たちと一緒にランチとショッピング――こういったちょっとした時間が、私のエネルギーを満タンにしてくれる。

大切な人たちとつながる時間を過小評価してはいけない。どんなに短い時間でも、ウェルビーイングが向上し、自分自身、そして自分の魂とのつながりが強化される。

4　感謝の実践A to Z

これは私が日ごろから行っているエクササイズだ。

紙を1枚用意し（あるいは、スマートフォンのメモアプリでもいい）、あなたが感謝している人、場所、状況、経験で、「A」から始まるものを書いていく。そこからB、Cと進み、最後のZまで書く。

シンプルなエクササイズだが、大切な気づきのきっかけになる。こんなにも感謝できることがあるとわかれば、気分が向上し、視野が広がり、どんな人のなかにも存在する、より大きく、よりよい魂と、再びつながることができる。

しかし、ここで1つ注意がある。このエクササイズで思い出した人や状況は、もしかしたら何らかのアクションを必要としているのかもしれない。連絡したほうがいいのかもしれないし、何か問題があるのかもしれない。魂が自分に語りかける言葉を受け入れ、最高の自分になり、最高の人生を生きられるように、そっと自分を後押ししよう。

つながりをつくり、変化を起こす

ここであなたに、絶対に忘れないでもらいたいことが1つある。

それは、あなたはビジネスを築くのと同時に、自分の人生と、家族の人生と、そしてあなたのミッションを実現するために人生の時間の多くを使うことを選んだ、もう1つの家族たちの人生も築いているということだ。

その人生を、意義のあるもの、価値のあるものにしなければならない。

第12章の CLEF NOTES《クレフ・ノート》

♪あなたにとって、成功の定義とは何だろう？　いちばん簡単な答えは「ビジネスとお金の目標を達成すること」だ。しかし、あなたはそこに「身体、感情、魂のウェルビーイングを達成すること」と加えるだろうか？　ハーバード・ビジネス・スクールの研究によると、2つめの目標を実践すると、人として幸せになれるだけでなく、実際に意思決定の能力が向上し、よりよいビジネスリーダーにもなれる。さらにいえば「定期的に身体を動かし、精神を拡大し、魂とつながることで、燃え尽き、不満、断絶を避ける」という目標も、ぜひつけ加えてもらいたい！　私はこの本で、あなたができることと、やるべきことをたくさん提案してきた。ここで、私からの最後の提案だ。この本で読んだ提案やアイデアのなかで、自分にいちばんしっくりきたものを1つ選び、まずはそこから始めてもらいたい。各章のクレフ・ノートを読みながら、ふと目にとまり、脳内シナプスがつながり、「そう、そう！　その通り！」という声が頭の中で聞こえるものがあったら、そこから始める

♪小さく始めてもかまわない。ただし、とにかく何かを変えて、そして——ここが肝心なところだ——信頼できる友人や家族に頼む、あるいはアプリ（とにかく自分以外の何か）を使って、自分がきちんと目標に向けて行動

するか監視してもらう。彼らに会い、進捗を報告し、そしてパーソナルコーチやチアリーダーの役割を果たしてもらう

♪私が働くフィットネス業界は、もっとも守られない新年の誓いを専門としている。そんな私が自信を持っていえるのは、起こした変化を66日間（これは科学的に証明されている数字だ）維持することができれば、その年の終わり、さらにその先まで維持できる可能性が高いということだ。その一歩を踏み出し、考え方を変え、そして続ける方法は、第13章「前に進み続ける」を参照してもらいたい

♪モチベーションを上げるためにもっと助けが必要だという人は、ジャザサイズのウェブサイトで近くのジャザサイズのクラスを検索してみよう。インストラクターには「ジュディの紹介で来た」と伝え、ジャザサイズを始めようと思った理由を説明しよう。ジャザサイズのレッスンはかなりハードだ。あなたが何に挑戦しようとしているにしても、ジャザサイズを経験すれば、もっと簡単で、ストレスも少なく、そしてもっと楽しいと思えるようになるだろう！

第13章

前に進み続ける

「そしてビートは続く……」
——ソニー&シェール

私をよく知る人なら、私のモットーが「前に進み続ける」であることも知っている。私はこのモットーを母から受け継いだ。そして母は間違いなく、スウェーデン移民の自分の父親から受け継いでいる。彼は農場で働くために10代のときにアメリカにやって来た。そして亡くなるまでに、肥沃で広大な農場を5つも所有し、地元アイオワ州南西部で人気

の郡政委員を務めるまでになった。

英語の「keep moving forward（前に進み続ける）」をスウェーデン語にそのまま訳すと、「ふり返るな。そちらは向かう道ではない」という意味になる。

私は元来、この先にあることに集中するタイプなので、自分の人生をふり返り、情熱を追い求めて、共通の目的のために他の人たちを集めてきた経験を思い出すのは、なかなか大変な作業だった。

私が言ってこなかったこと

このプロジェクトに取りかかったとき、私はある決意をした。

これは私とジャザサイズの本であるのと同じくらい、あなたの本にもする。スタートアップの起業家であり、自分の会社のオーナー、創業者、CEOであるあなただ。

そのときは予期していなかったのだが、この55年のファイルやメモを見返したり、過去の記憶をたぐったりするなかで、私は自分について本当に多くを学ぶことになった。

1986年5月8日付けの新聞に掲載された母の死亡記事を読んだとき（その年の母の日の3日前だ）、私は、母の死をきちんと悲しむことにほとんど時間を使っていなかったと気がついた。

この本にも書いたように、ダンサーとしても、ビジネスウーマンとしても、そして1人の女性としても、私は母の影響を大きく受けている。それなのに、人生でもっとも大きな後悔の1つを話していなかった。

それは、母が亡くなるときにそばにいられなかったことだ。

あれは1980年代の半ばで、ジャザサイズはまるでワープするような速度で成長していた。その年の春は何度かアイオワに飛び、母を見舞ってはいたけれど、最期の瞬間に立ち会うことはできなかった。私はまた、母の死因が筋萎縮性側索硬化症（ALS：ルー・ゲーリック病とも呼ばれている）であることも触れてこなかった。それにジャックには強くすすめられたけれど、遺伝子検査を受けることも拒否してきた。

ALSの10パーセントは遺伝だとされているが、それでも私は母の病気が遺伝性かどうかを知りたいとは思わなかった。私はただ前に進みたいだけだった。

「今はこんなことをしている時間はない。だって会社の経営があるのだから」。これは起業家に典型的な態度だ。しかし長い目で見れば、この態度はおすすめできない。

会社を成功させたいなら、情熱と目的意識の両方が必要だ。それでも、仕事と、配偶者、年老いた両親にとっての子ども、子どもにとっての親、大切な人たちにとっての友人という立場との間でバランスを見つけることも、同じくらい大切だ。

それがなければ、あなた個人としての幸せと成功は手に入らない。

この問題に簡単な答えは存在しない。しかし、耳の痛い真実を1つお伝えしよう。人生の最期を迎えたときに、どんなに成功していても、もっと仕事の時間を増やせばよかった、愛する人たちとの時間を減らせばよかったと、後悔する人はいないということだ。母から遺伝したと断言できるものが1つあるとすれば、それは「個人的なことは人に話さない」というスウェーデン人気質だろう。ジャックと私が夫婦生活で経験した浮き沈みも、私たちの親としての悩みや健康問題も、私は「行間」に残すことにした。

たった1つのことをのぞいては。

2018年10月、私はあるとても個人的な経験を公にすることにした。乳がん研究の資金集めを目的とした、ある大きなイベントに参加していたときのことだ。

会場はサンディエゴ湾に停泊している空母ミッドウェイの甲板だった。ピンクのシャツを着たジャザサイズの生徒とインストラクターが1200人以上も集まった。

彼女たちの多くは誇り高き乳がんサバイバーだ。

そのとき私は、ある事実を告白するなら、今この場所こそがふさわしいだろうと判断した。ある事実とは、私自身がその4年前に乳がんサバイバーになったということだ。

2014年、マンモグラフィー検査を1回受けずにいたら、次の検査で胸にしこりが見つかり、悪性だと判明した。すぐに乳腺腫瘤摘出術を受け、放射線治療を完了させたが、その間ずっと病気のことは夫のジャック、娘のシャナ、息子のブレンダン、秘書のジンジャー、そしてジャザサイズCOOのサリーにしか知らせていなかった。

化学療法は受けずにすみ、髪の毛も失わなかったおかげで、秘密にしておくのはそれほど難しくなかった。今ふり返れば、個人的なことだからという理由で秘密にしていたのは、私自身の心配はもちろん、全世界に広がるチームのメンバーに心配をかけたくないという気持ちもあったからだろう。

幸運なことに、私にはジャック、シャナ、ブレンダン、ジンジャー、サリーがいた。みんなに全力で支えてもらいながら、私はついにNED（がんの兆候が消えた状態）に到達することができた。

こうやってついに病気のことを告白できたときは、心からの安堵とともに、大きな感謝の気持ちも抱いていた。乳がんは決して珍しい病気ではないことを多くの人に伝え、マンモグラフィー検査の必要性を訴え、そして自分も輝かしいサバイバーの一員だと宣言することができたからだ。

私はもっと早く病気のことを公表すべきだったのだろうか？

私が思うに、人は誰でも、そのときどきで自分にできる最善の決断をしなければならない。いい決断か、悪い決断かは、それほど重要なことではない。

どちらにしても、あなたは過去から学び、そして前に進み続けているからだ。

悲しいことに、この本の最後の仕上げをしている間、ジャックと私の人生はまたつらい曲がり角を迎えた。36歳になる私たちの息子のブレンダンが、依存症を再発させてこの世を去ったのだ。ブレンダンは才能あふれるアーティストで、自分が出演するワンマンショーの準備をしている最中のことだった。

自分の子どもを亡くすのは、すべての親にとって最悪の悪夢だ。死因が依存症となると、この病気に対する偏見や誤解のせいで、残された家族や友人の苦しみはさらに深くなる。美しく、知的で、創造的な私たちの息子を追悼し、そして息子のように繊細なアーティストを救い、私たちと同じ悲しみを味わう家族がこれ以上出ないようにという願いを込めて、私たちはNPOを設立し、カリフォルニア州サンディエゴに拠点を置く「ア・ニュー・パス（新しい道）――依存症治療と癒やしのための親たち」に資金を提供した。

また、ブレンダンは犬が大好きで、保護犬の支援活動を熱心に行い、自身も3匹の保護犬を引き取っているので、カリフォルニア州ロサンゼルスの動物保護シェルター「ワグズ&ウォークス」にも寄付を行った。

ここからどこへ向かうのか？

2019年6月、ジャザサイズは50回目の誕生日と、60周年に向けての10年の始まりを祝った。そこで私たちは少しだけ立ち止まり、大いに楽しんだ。

そしてまた前に向かって進んでいる。これまでの10年ごとの節目と同じだ。

私たちはこうやって、つねに自分を新しくしていく。会社の構造を変える、新しいプログラムを導入する、新しい製品を開発するなど、私たち自身が起こす変化もあるだろう。

その一方で、まったく予期していなかった変化もあるはずだ。マーケットの動向、政府の規制、技術の進歩は、私たちにコントロールすることはできない。

なかでもいちばん重要なのは、顧客のニーズの変化だ。

あなたの会社がどの段階にあろうとも、このプロセスに終わりはない。

あなたは本当にそれを望んでいるだろうか？

会社を売却して引退することが目標でないのなら、それ以外に道はない。

つねに自分がもっともうまくできることを分析し、それをさらにうまくやる方法を探し、そして従業員たちにも前に進んでもらう。でも、どうやって？

ジャズの音楽とダンスには、シンコペーションと呼ばれる大切な要素がある。

思わず身体を動かしたくなる、特徴的なリズムだ。

最高のＤＪなら、シンコペーションの効果を知っている。ダンスフロアは空っぽで、壁際に大勢の人が集まっているなら、今こそオフビートのシンコペーションの出番だ。

このリズムが流れると、誰でも音楽に合わせて身体を動かしたくなる。

あなたにも経験があるだろう。盛り上がらないダンスパーティでも、ブルーノ・マーズの「アップタウン・ファンク」、ビヨンセの「シングル・レディース」、あるいはジャスティン・ティンバーレイクの「キャント・ストップ・ザ・フィーリング」が流れれば、自然に身体が動きだす。それがシンコペーションの力だ。

「でも、ジュディ」と、あなたは言うかもしれない。

「それをどうやってビジネスに応用すればいいの？」

ビジネスにおけるシンコペーションとは、サプライズの要素を活用して、つねに新鮮で興味を惹くものを提供することだ。

普通でないもの、予想できるパターンに予想外の何かを加えるもの、表拍のアクセントから裏拍のアクセントに変化するものなら、それはすべてシンコペーションだ。

そのリズムを感じると、ダンサーは回転し、ピッチャーは球種を変え、クオーターバックは意表をついて自分でボールを運ぶ。

ビジネスにおけるシンコペーションとは、自分のやるべき仕事、自分の顧客が体験していること、自分のビジネスモデル、今あるテクノロジーの使い方を別の角度から見直すことを、チームのメンバーに促すことだ。

私たちジャザサイズは、明確なシンコペーションのビートに乗って成長してきた。

あなたの職場にはどんなリズムが流れているだろう？　あなたの会社には、熱を感じる場所、思わず足がステップを踏み、指を鳴らしたくなる場所があるだろうか？　シナプスが光り、何かが起こる場所は？

その場所を見つけ、それを社内に広めよう。そのついでに、会社のプレイリストにヒップな曲をいくつか加えてもいいかもしれない。

そして、次の大きなミーティングで、空気が停滞したと感じたら、あなたがDJの役を買って出よう。休憩を入れ、シンコペーションのリズムが特徴的な音楽を流し、立ち上がってストレッチする（ただし、思わず踊りだしたくなるので、注意が必要だ）。ちょっとしたエクササイズで、参加者の脳からたくさんのベータ波が出てくるだろう。グループのつながりが深まり、エネルギーが高まり、独創的なアイデアにつながるはずだ。

進み続ける……

前の章で述べたように、精神を拡大する方法の1つは、刺激を与えてくれるお手本の考え方やアイデアを学ぶことだ。

もう何年も前、私はそのお手本にハリエット・タブマンを選んだ。

彼女は逃亡奴隷で、その後はただ自分の自由を楽しむのではなく、合計で13回もかつて逃れてきた南部に戻り、70人以上の奴隷の逃亡を手助けした。

「私は8年間、地下鉄道と呼ばれる組織の指導者だった。列車の車掌のようなものだ」とハリエットは言う。
「私は、本物の車掌のほとんどはとても言えないようなことが言える――私は、キャリアで一度も列車を脱線させたことがなく、乗客を1人も失ったことがない」

南北戦争の時代、ハリエットは北軍に所属し、看護師やスパイとして働いた。敵陣に潜入し、部隊の配置や補給路の情報を集めた。そして戦争が終わると、数多くの解放奴隷のために働き、その人たちが自由な男性、自由な女性として新しい人生を生きていく手助けをした。

ハリエットはまた、エリザベス・キャディ・スタントンとスーザン・B・アンソニーが主導する女性参政権運動にも加わった。

もちろん、奴隷を北部に逃すような活動には大きな危険がともなう。

ハリエット・タブマンが切り抜けてきたことを、私には想像すらできない。彼女の時代と、私たちの時代の間には、計り知れないほどの距離がある。

それでも私は、彼女が目指していたことが理解できる。それは、他の人たちが、より幸せで、より健康で、よりエンパワーされた人生を手に入れるのを手助けすることだ。

ジャザサイズがこの55年で成し遂げたすべてのことのうち、私がいちばん誇りに思っているのは、数百万人もの女性や男性が、フィットネスとダンスの喜びを通して、自分の人生の質と健康状態を向上させるのを手助けしてきたことだ。

さらに私たちは数千人もの女性たちに、自分のビジネスを持つチャンスを提供してきた。彼女たちは自身のビジネスを通して、強く、自立したビジネスパーソン、成功したビジネスオーナーという新しい自分に生まれ変わることができた。

ハリエットが自由と安全へと導いた「乗客たち」に宛てたメッセージは、あれから長い年月が流れても、私にとってはとても共感できる内容だ。

「進み続けなさい」と彼女は言った。

「疲れたら、進み続けなさい。怖くなったら、進み続けなさい。お腹が空いたら、進み続けなさい。自由を味わいたかったら、進み続けなさい」

現代の世界でもそれは同じだ。あなたが過去にどんな経験をしていようとも、どんな希望を持ち、何を目指し、未来にどんな計画があろうとも、今いる場所と、目的地を結ぶ道を迷うことなく進んでいくには、ただ前に向かって進み続けるしかない。

情熱に従い、できるかぎりたくさんの人を助けることを自分の目的とする。

自分の内なる声を信頼し、そして何よりも、前に進み続ける！

孫娘たちへのメッセージ

そして、心から好きなことをして生きていきたいと思っているすべての人たちへ。

●愛するスカイラとシエナへ

あなたたちが踊る姿を見ると、私の心臓は宙返りし、ピルエットとジュテをする。あなたたちは、ダンスという芸術、観客、そして私に、大きな喜びをもたらしてくれる！

まだ自分では気づいていないかもしれないけれど、あなたたちのダンスへの情熱、自分にできる最高のレベルを目指すその決意は、強さと正確な自己認識という水をたたえた深い井戸になる。生きているかぎり、その井戸から水をくみ上げることができるだろう。

神から与えられた才能だけで事足りるということは決してない。

でもその才能に、勤勉な努力、規律、強い意志が加われば、目指したことは何でも達成できるだろう。

ありのままの自分に自信を持とう。あなたたちの情熱は、あなたたちがするすべてのことを、鮮やかな色彩に染め上げる。

今のところ、あなたたちは、自分の情熱のすべてをパフォーマンスに注いでいる。

それはすばらしいことだ！　芸術を理解し、技を磨き、可能なかぎり最高の自分になる。

あとになって、もしそうすることを望むなら、それまでに身につけたすべての知識やスキルを、もっと大きな目的のために使うこともできる。

あなたたちにしかできない方法で、他の人たちが人生を向上させ、人生を拡大し、あるいは今よりも人生を楽しむのを手助けする。その力はあなたたちのなかにある。

自分のなかにある、自分にしか聞こえない声に耳を傾けなさい。

その声は、力強く、頼りになり、いつでも正しい道を教えてくれる。

あなたたちが生まれたときから、あなたたちの人生に参加できたことは、私にとってもっとも大きな喜びの1つだ。あなたたちの母親は、私の母親や祖母が大切にしてきた価値を、あなたたちにも伝えてくれている。

それは、高潔、謙虚、優しさ、そして他者への思いやりだ。

私の母と祖母は、あなたたちの母親と私があなたたちにそうしてきたように、いつでも自分に正直に、誠実に生きることの大切さを教えてくれた。

あなたたちは2人とも、強く、心の正しい若い女性に成長しようとしている。

あなたたちには声を上げる権利があること、そして必要だと感じたらその権利を守らなければならないことを、絶対に忘れないで。

あなたたちを黙らせようとする人がいたら、それが誰であれ、従ってはいけない。

「直感を使い、頭を使い、心を使う」という言葉も忘れないで！

直感に従って前に進み、意思決定のときは頭を使い、心のなかにある愛と善性にダイヤルを合わせる。

私のかわいい女の子たち。私がどんなにあなたたちを愛しているか、あなたたちには想像もできないだろう。あなたたちはこれから、キラキラと輝く美しい方法で、この世界をよりよい場所にしていくだろう。

それをこの目で見て、お祝いできる日が、私は今から待ちきれない。

謝辞

ここに名前をあげたすべての人々に心からの感謝を捧げる。あなたたちの助力、勤勉な働き、創造性がなければ、ジャザサイズで私たちが共有した偉大な業績、学んだ教訓、情熱的な人生と経験は、ただ記憶の断片として残るだけで、こうして1冊の本になることはなかっただろう。

ジル・マー：　サンドラ・ダイクストラ文芸エージェンシー（カリフォルニア州デル・マー）のエース文芸エージェント。シェリル・セグラ：　ダンサー仲間で、マグロウヒル・エデュケーション（ニューヨーク）の編集者。その鋭い洞察でこの本をさらにいい本にしてくれた。スーザン・キャロル・マッカーシー：　ライター、親しい友人、そして言葉の魔術師。ケニー・ハーヴィー：　ジャザサイズ統括マネジャーで頼りになる人物。その献身と勤勉さはつねにあらゆる期待を上回る。メーガン・ウェイクフィールド：　ジャザサイズ人事ディレクター。明晰で創造的な頭脳の持ち主。いつも場を落ち着かせてくれる。ジンジャー・ハリス：　超優秀な秘書。私が正気でいられるのはあなたのおかげだ。セリーヌ・ボリー：　スペシャルアシスタントにして替えの利かないユーティリティープレイヤー。アリソン・ステイビル：　ジャザサイズのマーケティングディレクター。つねに先を見て、前進する人。ケイティ・マクレイン：上級グラフィックデザイナー、イメージメーカー。ジュリカ・ケイド：ジャザサイズ・アパレルのデザイナー。アパレル以外にも何でもデザインしてくれる。ジェフ・ランカスター：カバー写真家、視覚記憶を守る人。ディラン、パンチョ、フランク：4本足で毛むくじゃらの友人たち。私を無条件に愛し、そして私を必ず歩かせてくれる存在。ブレンダン・ミセット：私のすばらしい息子。いつも正しいときに励ましの言葉をかけ、心からのハグで私を支えてくれた。シャナ・ミセット・ネルソン：ジャザサイズCEO。そして私にとっては、賢く、美しい娘。勤勉に働き、大きな創造性を発揮し、そして忍耐強く私と付き合ってくれてどうもありがとう。ジャック・ミセット：私の夫、親友、そして保存の達人。すべての記録を完全に残し、何がどこにあるかすべて記憶していて、必要なときはすぐに掘り出してくれる。

そして最後に、この本に登場するエピソードを提供してくれたすべての人に心からの感謝を。あなたたちは、電話に応え、メールに返事を出し、自分のファイルを探し、記憶を共有し、背景の情報を提供し、個人の物語を話してくれた。

あなたたちの優しさと寛容の精神のおかげで、私は歴史の空白を埋め、55年にわたってともに歩んできたジャザサイズの旅路をきちんと描くことができた。

あなたたちの助けがなければ、この本は完成しなかっただろう。

【著者紹介】

ジュディ・シェパード・ミセット（Judi sheppard Missett）

◉――世界最大のダンスフィットネス・フランチャイズ会社ジャザサイズの創業者兼会長。世に先がけてフィットネスとエクササイズの大切さを提唱し、トップ・ウーマン・アントレプレナーのプレジデント賞、フィットネス栄誉の殿堂で４回の殿堂入り、女性議員とエンパワーされた女性のための全国基金のアントレプレナー・オブ・ザ・イヤー賞をはじめ、数多くの栄誉あるビジネスの賞を受賞してきた。世界的なベストセラーになった『Jazzercise: A Fun Way to Fitness』と『The Jazzercise Workout Book』に続き、３作目である本書で初めてジャザサイズの55年にわたる巨大な成功の歴史をふり返り、その裏にある秘密の数々を明かしている。

【訳者紹介】

桜田　直美（さくらだ・なおみ）

◉――翻訳家。早稲田大学第一文学部卒。訳書は『THE CULTURE CODE 最強チームをつくる方法』『THE CULTURE PLAYBOOK 最強チームをつくる方法 実践編』（いずれも小社刊）、『スタンフォードの脳神経科学者が証明! 科学がつきとめた「引き寄せの法則」』『アメリカの高校生が学んでいる投資の教科書』（いずれもSBクリエイティブ）、『おじいちゃんが教えてくれた 人として大切なこと』（ダイヤモンド社）、『言語の力』（KADOKAWA）など多数。

JAZZERCISE ジャザサイズ物語《ものがたり》

2024年12月２日　　第１刷発行

著　者――ジュディ・シェパード・ミセット
訳　者――桜田　直美
発行者――齊藤　龍男
発行所――株式会社かんき出版
東京都千代田区麹町4-1-4 西脇ビル　〒102-0083
電話　営業部：03(3262)8011㈹　編集部：03(3262)8012㈹
FAX　03(3234)4421　　振替　00100-2-62304
https://kanki-pub.co.jp/

印刷所――ベクトル印刷株式会社